アスリートでたどる
# ジャパン
JAPAN SPORTS
# スポーツ

陸上・競泳

監修・佐野慎輔

# アスリートでたどる ジャパンスポーツ
## 陸上・競泳
### もくじ

**陸上競技、うつりかわる日本の得意種目……4**

| | |
|---|---|
| 織田幹雄……6 | サニブラウン・アブデル・ハキーム…24 |
| 人見絹枝……8 | 北口榛花……26 |
| 吉岡隆徳……10 | **まだまだいる！歴史をつくった選手たち** |
| 円谷幸吉と君原健二……12 | 西田修平と大江季雄　瀬古利彦 |
| 有森裕子……14 | 中山竹通　谷口浩美……28 |
| 高橋尚子と野口みずき……16 | 森下広一　為末大　大迫傑　田中希実……29 |
| 室伏広治……18 | **陸上の歴史をつくった海外の選手たち** |
| 2008年北京オリンピック | ジム・ソープ　パーボ・ヌルミ |
| 　男子4×100mリレーチーム……20 | ジェシー・オーエンス |
| 2016年リオデジャネイロオリンピック | エミール・ザトペック……30 |
| 　男子4×100mリレーチーム……22 | アベベ・ビキラ　カール・ルイス |
| | エレーナ・イシンバエワ　ウサイン・ボルト……31 |

---

### 用語解説

#### 陸上

**国際女子競技大会**
オリンピックの陸上競技に女性が参加できないことに対して、フランスのアリス・ミリアが実施した女子陸上競技の世界大会。第1回大会は1922年で、当初は「女子オリンピック大会」という名称だった。国際オリンピック委員会（IOC）は「オリンピック」という名称の変更をせまり、ミリアは名称を「国際女子競技大会」とするかわりに1928年アムステルダムオリンピックの陸上競技に女子の参加を求め、実現させた。

**ストライド走法**
歩幅を大きくとる走法。

**ダイヤモンドリーグ**
ワールドアスレティックス（世界陸連）が主催する世界最高峰の陸上競技大会。ヨーロッパ、北アメリカ、アジアの各地で14戦が開催され、最後に成績上位者によるファイナルがおこなわれる。マラソンなどのロード種目は実施されない。

**ピッチ走法**
歩幅をややせまくして、足の回転を速くする走法。

**ロケットスタート**
低い姿勢から勢いよく飛びだし猛ダッシュするスタート方法。

#### 競泳

**片抜手**
体を横向きにして、上側にある手で水をかき、その後水面上に抜きあげて前にもどす泳法。日本泳法のひとつ。

**古式泳法（日本泳法）**
武芸のひとつとして古くから伝えられてきた泳法。かつて武士が長距離を泳いだり、身を守ったり、水中で戦ったりするために身につけた。

**スポーツ庁**
スポーツ振興やスポーツに関するさまざまな施策を推進するための行政機関。文部科学省の外局。

**潜水泳法**
水に潜ったままで水中を進む泳ぎ方。水面より水中を進むほうが抵抗がすくないため、速く進むことができる。

**バサロ**
背泳ぎでおこなう潜水泳法で、スタートやターンの直後にキックのみで進む。15m以上おこなってはいけない。海外では背泳ぎ以外の潜水もバサロとよぶことがある。

# 数かずの記録や記憶を残してきた競泳ニッポン……32

## 鶴田義行……………………………34
## 1932年ロサンゼルスオリンピック
### 日本競泳チーム………………36
## 1936年ベルリンオリンピック
### 日本競泳チーム………………38
## 前畑秀子……………………………40
## 古橋廣之進…………………………42
## 田口信教……………………………44
## 鈴木大地……………………………46
## 岩崎恭子……………………………48
## 北島康介……………………………50
## 萩野公介……………………………52
## 大橋悠依……………………………54
## 池江璃花子…………………………56

### まだまだいる！ 歴史をつくった選手たち
山中 毅　青木まゆみ　柴田亜衣　松田丈志……58
寺川 綾　金藤理絵　入江陵介　瀬戸大也……59

### 競泳の歴史をつくった海外の選手たち
デューク・カハナモク　ジョニー・ワイズミュラー
ドーン・フレーザー…………60
マーク・スピッツ　ジャネット・エバンス
イアン・ソープ　マイケル・フェルプス……61

**コラム** 日本の競泳、初めてのオリンピック……62

さくいん……63

### オリンピック（夏季大会）の開催年と開催地

| 回 | 年 | 開催地 | 国 |
|---|---|---|---|
| 1 | 1896 | アテネ | ギリシャ |
| 2 | 1900 | パリ | フランス |
| 3 | 1904 | セントルイス | アメリカ |
| 4 | 1908 | ロンドン | イギリス |
| 5 | 1912 | ストックホルム | スウェーデン |
| 6 | 1916 | ベルリン（中止） | ドイツ |
| 7 | 1920 | アントワープ | ベルギー |
| 8 | 1924 | パリ | フランス |
| 9 | 1928 | アムステルダム | オランダ |
| 10 | 1932 | ロサンゼルス | アメリカ |
| 11 | 1936 | ベルリン | ドイツ |
| 12 | 1940 | 東京（返上）ヘルシンキ（中止） | 日本／フィンランド |
| 13 | 1944 | ロンドン（中止） | イギリス |
| 14 | 1948 | ロンドン | イギリス |
| 15 | 1952 | ヘルシンキ | フィンランド |
| 16 | 1956 | メルボルン | オーストラリア |
| 17 | 1960 | ローマ | イタリア |
| 18 | 1964 | 東京 | 日本 |

| 回 | 年 | 開催地 | 国 |
|---|---|---|---|
| 19 | 1968 | メキシコシティー | メキシコ |
| 20 | 1972 | ミュンヘン | 西ドイツ |
| 21 | 1976 | モントリオール | カナダ |
| 22 | 1980 | モスクワ | ソ連 |
| 23 | 1984 | ロサンゼルス | アメリカ |
| 24 | 1988 | ソウル | 韓国 |
| 25 | 1992 | バルセロナ | スペイン |
| 26 | 1996 | アトランタ | アメリカ |
| 27 | 2000 | シドニー | オーストラリア |
| 28 | 2004 | アテネ | ギリシャ |
| 29 | 2008 | 北京 | 中国 |
| 30 | 2012 | ロンドン | イギリス |
| 31 | 2016 | リオデジャネイロ | ブラジル |
| 32 | 2021 | 東京（2020大会） | 日本 |
| 33 | 2024 | パリ | フランス |
| 34 | 2028 | ロサンゼルス（予定） | アメリカ |
| 35 | 2032 | ブリスベン（予定） | オーストラリア |

# 陸上競技、うつりかわる日本の得意種目

## かつてのオリンピックでは跳躍種目でメダル量産

日本が初めてオリンピックに参加したのは、1912年ストックホルム大会。出場した選手は2名だけ。マラソンの金栗四三と短距離走の三島弥彦だ。つまりは陸上競技のみの参加だった。また、日本人選手が初めてオリンピックで金メダルを獲得したのは、1928年アムステルダム大会三段跳びの織田幹雄。こちらも陸上競技である。

次の1932年ロサンゼルス大会では、三段跳びで南部忠平が金メダル、大島鎌吉が銅メダル。南部は走り幅跳びでも銅メダルを手にしている。また、棒高跳びでは西田修平が銀メダルを獲得している。1936年ベルリン大会でも田島直人が三段跳びで金メダル、走り幅跳びでも

1912年ストックホルム大会400m予選2位の三島。準決勝で途中棄権した。

銅メダルを獲得したように、1928年から1936年のオリンピックでは日本の選手が跳躍種目で世界を席巻した。

## マラソンの時代の到来

ところが、第二次世界大戦後のオリンピックでは、日本の陸上競技は低迷する。自国開催の1964年東京大会でさえ、メダルは円谷幸吉のマラソンの銅メダル1個だけ。あれほど勢いがあった跳躍種目で活躍する選手はもういなかった。いっぽう、円谷の走りは翌1968年メキシコシティー大会で銀メダルに輝いた君原健二に引きつがれた。

マラソンの活躍は1984年ロサンゼルス大会の宗猛（4位）、1988年ソウル大会の中山竹通（4位）につながり、1992年バルセロナ大会の有森裕子、森下広一という2人の銀メダリストを生んだ。有森はさらに次の

1996年アトランタ大会で銅メダルを獲得し、マラソン2大会連続メダルという快挙をなしとげた。

この勢いは2000年シドニー大会で大きく花開く。高橋尚子が日本女子選手としては初となる金メダルを獲得したのだ。そして2004年アテネ大会では野口みずきが金メダルに輝き、日本人選手女子マラソンの連覇をなしとげた。

アテネ大会では室伏広治がハンマー投げで、日本人選手として投てき種目初のメダルとなる金メダルを獲得した。室伏は2012年ロンドン大会でも銅メダルを獲得している。

2008年北京オリンピック男子4×100mリレー、3走の髙平からアンカーの朝原へ、アンダーハンドパスでバトンがわたる。

## トラック種目で飛躍

　2008年北京大会では、1928年アムステルダム大会の人見絹枝以来メダルのなかったトラック種目で、日本選手たちが輝きを放つ。塚原直貴、末續慎吾、髙平慎士、朝原宣治の4人でのぞんだ男子4×100mリレーで、銀メダルを獲得したのだ。100m10秒を切る選手のいないこのチームが、どうして9秒台の強豪ひしめく海外のチームに勝てたかというと、その秘密は「アンダーハンドパス」（→21ページ）というバトンパスにあった。スピードを落とさずにバトンをわたすこのテクニックを日本チームは徹底的に練習し、ついにメダルまでたどりついたのだ。
　この技術は後輩のチームに受けつがれた。山縣亮太、飯塚翔太、桐生祥秀、ケンブリッジ飛鳥は、2016年リオデジャネイロ大会の男子4×100mリレーで、ふたたび銀メダルを獲得したのだ。
　また、2016年リオデジャネイロ大会と2021年東京大会では競歩が躍動した。リオの男子50km競歩で荒井広宙が銅メダルを獲得し、東京の男子20km競歩で池田向希が銀メダル、山西利和が銅メダルを手にしている。

## 日本の陸上競技、新時代

　東京大会では決勝進出選手12人中12位だった女子やり投げの北口榛花が、その後の大会で快挙をなしとげた。2023年の世界陸上で陸上女子フィールド種目初の優勝。そして2024年パリオリンピックでも、みごと金メダルに輝いた。マラソン以外の種目で女子が獲得した初めての金メダルだ。北口は、やり投げ王国のチェコへ単身留学して本格的な指導を受け、それが実った歴史的な快挙だった。
　かつてオリンピックでの日本人選手の活躍は、同じ種目での活躍が数大会続くと、次はそれとはことなる同一種目の活躍が続く、というパターンをくりかえしてきた。しかし、陸上競技は種目によって試合や練習方法が大きく異なる。これからは、さまざまな種目の選手が、独自のテクニックの開発や、北口や短距離のサニブラウンのように海外留学するなどして、それぞれ力をつけて世界で活躍していくだろう。

# 日本初のオリンピック金メダリスト
## 織田幹雄（おだみきお）

オリンピックにおける日本初、アジア初の金メダルは、織田幹雄によってもたらされた。織田が獲得したのは1928年アムステルダム大会陸上・三段跳びの金メダル。これ以降、三段跳びは日本のお家芸となる。4年後の1932年ロサンゼルス大会では南部忠平が、さらに4年後のベルリン大会では田島直人が織田と同じ三段跳びで金メダルを獲得した。

陸上競技

アムステルダムオリンピック金メダルのジャンプ。

### 織田幹雄

| | |
|---|---|
| 1905 | 広島県に生まれる |
| 1922 | 全国中等学校陸上競技大会で、走り高跳びと走り幅跳びで優勝 |
| 1923 | 極東選手権の三段跳びと走り幅跳びで優勝 |
| 1924 | パリオリンピックの三段跳びで日本陸上初の入賞（6位） |
| 1928 | アムステルダムオリンピックの三段跳びで日本人初のオリンピック金メダルを獲得 |
| 1931 | 三段跳びで15m58の世界新記録を樹立 |
| 1932 | ロサンゼルスオリンピックに出場し、旗手をつとめる |
| 1952 | ヘルシンキオリンピックで陸上競技日本代表監督をつとめる |
| 1958 | 国立競技場に「織田ポール」が立てられ、第3回アジア競技大会で最終聖火ランナーをつとめる |
| 1959 | 日本陸上競技連盟強化本部長就任。紫綬褒章受章 |

## オリンピック跳躍種目初出場の天才少年

　1923年、17歳で極東選手権に出場し、走り幅跳び、三段跳びで優勝。天才少年とよばれた織田幹雄は1924年パリオリンピックに出場。走り幅跳び、走り高跳びでは予選落ちしたものの、三段跳びでは14m35の日本新記録で6位。オリンピックの陸上競技で日本選手として初の入賞をはたした。

## 日本人初のオリンピック金メダルを獲得

　1925年、早稲田大学競走部に入部した織田は、走り幅跳びや三段跳びで日本記録を更新。1928年アムステルダムオリンピックに出場する。三段跳びの予選で15m21を記録し、トップで決勝へ進む。決勝では、この記録を上回る選手がいなかったため、織田は日本人として初めてオリンピックで金メダルを獲得した。掲揚台の中央に日の丸がかかげられたのは、オリンピック史上初のできごとだった。ここから、日本はオリンピック陸上競技の跳躍種目の黄金時代に突入する。

## 日本の陸上界をリード

　織田は1931年に三段跳びで15m58の世界新記録を樹立したが、1932年のロサンゼルスオリンピックでは、13m97で12位に終わった。
　戦後は日本の陸上競技選手の指導・強化にあたる。旧国立競技場が完成した1958年、フィールド内には織田が金メダルを獲得したときの記録と同じ15m21の「織田ポール」が立てられた。5月には第3回アジア競技大会がおこなわれ、織田は最終聖火ランナーとして聖火台に点火。「織田ポール」は2014年、旧国立競技場解体にともない、東京・北区のナショナルトレーニングセンターに移設された。

### 跳躍の躍進！南部忠平と田島直人

　第二次世界大戦前のオリンピック3大会では、三段跳びで3人の日本人選手が連続して金メダルを獲得した。1928年は織田、1932年ロサンゼルス大会は南部忠平、1936年ベルリン大会は田島直人だ。南部も田島もそれぞれ三段跳びでは世界新記録で優勝している。

南部忠平。　田島直人。

 **三段跳び**：1928年当時、三段跳びは英語で「ホップ・ステップ・ジャンプ」という種目名だった。それを短くして日本では「ホ・ス・ジャンプ」とよんでいたが、織田が早稲田大学時代に「三段跳び」と命名し、それが現在でも使用されている。

## 日本人女性初のオリンピック出場・銀メダリスト

# 人見絹枝

第2回国際女子競技大会の走り幅跳び。

アムステルダムオリンピック女子800m。

走る、跳ぶ、投げる……、陸上競技で圧倒的な強さをほこった人見絹枝は、日本、そしてアジアの女性として初めてオリンピックに出場した。1928年アムステルダム大会の日本選手団でただ1人の女子選手として参加した人見は、自信をもってエントリーした陸上女子100mで失速。だが800mではみごとリベンジをはたし、銀メダルを獲得した。人見は日本女子選手初のオリンピックメダリストとなった。

# 陸上競技

## 陸上女子選手として世界の頂点に立つ

人見絹枝は体育の教師を経て、大阪毎日新聞社に入社。関東陸上競技選手権では女子100mに出場して13秒6で優勝。砲丸投げでも9m97の日本新記録で優勝。翌月の女子体育大会では走り幅跳びでも日本新記録で優勝し、「走る」「跳ぶ」「投げる」のすべてで圧倒的な強さを見せた。

1926年にはスウェーデンのイェーテボリで陸上の第2回国際女子競技大会がおこなわれた。日本からただ1人参加した人見は、走り幅跳びを5m50の世界記録で優勝。立ち幅跳びでも2m47で優勝。円盤投げでは32m62で2位になるなど、個人選手として総合トップの成績をおさめ、国際女子スポーツ連盟から表彰された。人見は陸上競技の女子選手として世界の頂点に立った。

### 人見絹枝

| | |
|---|---|
| 1907 | 岡山県に生まれる |
| 1921 | 岡山県庭球（テニス）大会に出場し、優勝 |
| 1923 | 岡山県女子体育大会に岡山高等女学校代表として出場、走り幅跳びで優勝 |
| 1924 | 二階堂体操塾（現在の日本女子体育大学）に入学 岡山県女子体育大会に出場し10m33で三段跳び優勝 |
| 1926 | 大阪毎日新聞社入社 国際女子競技大会に出場 走り幅跳びは世界記録で優勝。立ち幅跳びも優勝 |
| 1927 | 女子体育大会に出場。200m、立ち幅跳び、走り幅跳びで優勝 |
| 1928 | アムステルダムオリンピックの陸上800mで、日本人女子選手初のメダルを獲得（銀） |
| 1930 | 国際女子競技大会に出場。走り幅跳びで優勝 |
| 1931 | 肺結核のため他界（24歳） |

アムステルダムオリンピック女子100m準決勝。ゼッケン265が人見。

アムステルダムオリンピック女子800mのトップ争い。いちばん左が人見。

## 銀メダルを獲得したが……

それまで男子のみの競技だったオリンピックの陸上競技に女子の出場がみとめられた1928年アムステルダム大会。人見は日本選手団ただ1人の女子選手として出場した。もっとも自信のある種目は100mだったが、準決勝で敗退。「このままでは日本に帰れない」と号泣した人見は、当初の予定にはなかった800mへの出場をきめた。必死に走りフィニッシュして倒れこんだ人見の結果は2位。オリンピックすべての競技で日本人女性初となるメダルを獲得した。

1930年にはチェコのプラハでおこなわれた国際女子競技大会に出場し帰国。翌年、たおれて入院。そのまま結核でこの世を去った。24歳の若さだった。

## 国際女子競技大会とアリス・ミリア

1924年のパリ大会までオリンピックの陸上競技には女性は参加できなかった。そのため国際女子スポーツ連盟会長のアリス・ミリア（フランス）は、1922年に女子の陸上競技大会「第1回女子オリンピック大会」をパリで開催。それに対して国際オリンピック委員会は、大会名に「オリンピック」が使われていることに抗議した。何度も話しあい、大会名の「女子オリンピック大会」を「国際女子競技大会」とするかわりに、1928年アムステルダムオリンピックの陸上競技に女性が参加することで合意した。

アリス・ミリア。

**オリンピックの陸上競技女子種目：** 1928年アムステルダム大会で、初めて女性が陸上競技に参加できるようになった。しかし、実施された種目は100m、800m、4×100mリレー、走り高跳び、円盤投げの5種目だけ（男子の種目数は22）だった。

# 陸上男子100mに命をかけた「暁の超特急」吉岡隆徳

吉岡のロケットスタート。

陸上短距離のスペシャリスト吉岡は、1932年ロサンゼルスオリンピック男子100mで決勝進出をはたし、6位入賞。1935年には世界記録と同タイムで走り世界のトップに並ぶ。「ロケットスタート」と名づけられた吉岡のスタートダッシュは、ほかの選手を圧倒した。当時の新聞は吉岡を「暁の超特急」と書いた。オリンピック男子100mのファイナリストは吉岡以降、日本から出ていない。

1932年ロサンゼルスオリンピック男子100mで吉岡は予選2位(右・はちまきの選手)。

陸上競技

ロサンゼルスオリンピック男子100m決勝のスタート。右端が吉岡。

## 吉岡隆徳

| | |
|---|---|
| 1909 | 島根県に生まれる |
| 1927 | 極東選手権の100mで3位 |
| 1930 | 極東選手権の100mで優勝 |
| 1932 | ロサンゼルスオリンピックの100mで決勝に進出、6位入賞 |
| 1935 | フィリピンとの対抗戦で10秒3の世界記録に並ぶ |
| 1936 | ベルリンオリンピックの100mは10秒8で2次予選敗退 |
| 1941 | 広島高等師範学校（現在の広島大学）の教授に就任 |
| 1970 | 東京女子体育大学の教授に就任 |
| 1979 | 70歳で参加した東京女子体育大学の運動会で100mを15秒1で走る |

## 天才スプリンターの登場

　16歳の吉岡の才能を見いだしたのは、1924年パリオリンピックに出場した谷三三五である。谷は吉岡の足腰の強さ、足の回転の速さを見てスプリンターの素質を感じとった。吉岡にそなわっていたのは、走るための筋肉だけではない。集中力や精神力ももちあわせていた。短距離走に必要なあらゆるトレーニングをおこない、健康管理にも気をつけた。

　そして1927年におこなわれた第8回極東選手権の100mに出場し、3位に入賞する。1位はフィリピンの選手だった。このころ、日本選手は陸上短距離でフィリピン選手に勝てなかったのだ。そこで吉岡は打倒フィリピンを目標に練習をかさね、3年後、東京開催の第9回極東選手権で、ついに優勝をはたした。

## オリンピックの決勝で走る

　1932年、吉岡はロサンゼルスオリンピック男子100mに出場する。予選を順調に通過し、決勝に進出。スタートはトップだったが、フィニッシュは6人中6位。だが、みごとな入賞だった。2024年までのオリンピック陸上男子100mで入賞した日本選手は吉岡だけである。このとき金メダルを獲得したアメリカのエディ・トーランが「深夜の超特急」とよばれていたことから、読売新聞記者だった川本信正は吉岡を「暁の超特急」と名づけた。また、低い姿勢から一気に飛びだす吉岡のスタートは「ロケットスタート」とよばれた。

　1935年には100mを10秒3で走った。これは当時の世界タイ記録。吉岡はついに世界のトップに並んだのだ。第二次世界大戦後は、指導者として若い選手の育成にあたり、1964年東京オリンピックに出場した飯島秀雄、依田郁子をそだてた。

ロサンゼルスオリンピック男子100m、決勝の吉岡は6位（左）。

## 記録の計測

　吉岡の出した世界記録は10秒3。このタイムには吉岡を含めて7〜8人が並んでいた。当時の記録は手動でおこない、10分の1秒までを表示した。選手1人あたり3人の計測員がそれぞれストップウォッチを手でおして測る。2人以上が同じタイムならそれを採用し、3人が異なっていた場合は真ん中のタイムを採用した。現在は電動で1000分の1秒まで計測し、100分の1秒までを表示している。たとえば、9秒98でフィニッシュした選手が2人いた場合は、1000分の1秒までの記録で順位がきめられている。

 **フィニッシュの計測**：陸上競技のフィニッシュは、選手のトルソー（頭や手足以外の「胴体」）が5cm幅のフィニッシュラインの手前側（スタートラインに近い側）に達した瞬間を計測する。

11

# ヒーローの悲劇と、思いをつないだ友
# 円谷幸吉と君原健二

1964年東京オリンピックの円谷。

1968年メキシコシティーオリンピックの君原。

　1964年東京オリンピックの陸上競技でただ1人表彰台に立ったのは、マラソン銅メダリストの円谷幸吉だ。だが円谷は、4年後のメキシコシティーオリンピックの前に自らの命を絶った。円谷の思いをつないだのは東京大会で円谷とともに走った君原健二。円谷の気持ちをうけついだ君原は、メキシコシティー大会で銀メダルを獲得した。ここから戦後日本のマラソンの躍動がはじまり、その流れは女子にも引きつがれていく。

陸上競技

## 円谷幸吉

- 1940 福島県に生まれる
- 1964 東京オリンピックのマラソンで銅メダル
- 1968 遺書をのこして他界

1964年東京オリンピック、円谷の後ろにヒートリーがせまる。

### 円谷幸吉の東京オリンピック

1964年東京オリンピックのマラソンでは、4年前のローマ大会で優勝したアベベ・ビキラ（エチオピア、→31ページ）がトップを独走。日本選手のなかでのトップは円谷幸吉だった。30km付近から海外の有力選手たちを抜くと2位におどりでる。国立競技場に1位で帰ってきたアベベは、そのままフィニッシュして連覇。しばらくして競技場に姿を見せたのは円谷だ。大きな歓声がひびきわたる。しかし、円谷のうしろにはヒートリー（イギリス）がせまる。ヒートリーはみるみるうちに円谷に近づき、抜きさった。円谷は3位になり、歓声がため息にかわる。それでも円谷は銅メダルを獲得し、この大会の陸上競技で唯一のメダルを獲得するという偉業を達成した。

### おいつめられた円谷の悲劇

東京オリンピックが終わると円谷は、次の目標を1968年メキシコシティーオリンピックのメダルと考えた。だが、円谷が信頼していたコーチが転勤になり、さらに腰やアキレス腱を痛めてしまう。結婚する予定だった女性とも別れるなど、精神的にも肉体的にもおいつめられていく。そして1968年1月9日、悲しい遺書とともに、冷たくなった円谷が発見された。

## 君原健二

- 1941 福岡県に生まれる
- 1964 東京オリンピック マラソン8位
- 1966 ボストンマラソン 優勝
  アジア競技大会 マラソン優勝
- 1968 メキシコシティーオリンピック マラソン銀メダル
- 1970 アジア競技大会 マラソン優勝
- 1972 ミュンヘンオリンピック マラソン5位

### 円谷の姿が頭にうかんだ

1964年東京オリンピックのマラソンでもっとも有力視されていたのは、じつは円谷ではなく君原健二だったが、結果は8位。4年後のメダル獲得が目標となった。1966年のボストンマラソンで優勝し、次はメキシコシティーオリンピック。だが、1968年1月、友人であり最高のライバルだった円谷幸吉が亡くなった。君原は大きなショックを受け、円谷のためにメキシコで日の丸をかかげることをちかった。そして大会本番、2位で競技場に入る直前の君原の脳裏に、4年前に競技場で抜かれて3位になった円谷の姿がうかんだ。うしろをふりむくと3位の選手がせまっている。そこで君原は必死にスパートし、2位でフィニッシュ。君原は「円谷さんが教えてくれたのではないかと思った」という。

1968年メキシコシティー大会、フィニッシュ直前の君原。

### 円谷幸吉の遺書

円谷の遺書は、生前の彼を知る人たちの涙をさそった。

父上様 母上様 三日とろろ美味しゅうございました
干し柿、もちも美味しゅうございました
　　　　（中略）
父上様母上様、幸吉は、もうすっかり疲れ切ってしまって走れません
何卒お許し下さい
気が安まる事なく、御苦労、御心配をお掛け致し申し訳ありません
幸吉は父母上様の側で暮らしとうございました

**1964年東京オリンピックのマラソンコース**：新宿区にある国立競技場を出発して甲州街道を走り、調布市で折りかえして国立競技場にもどるコース。折りかえし地点は現在の東京スタジアム（味の素スタジアム）の近くだった。現在は「1964TOKYOマラソン折返し地点」の碑が建っている。

オリンピックのマラソンで2つのメダルを獲得

# 有森裕子

1928年アムステルダム大会の人見絹枝以来、日本の女子選手はオリンピックの陸上競技のメダルから遠ざかっていた。有森裕子が1992年バルセロナ大会で獲得した銀メダルは、64年ぶりの快挙だった。そして4年後のアトランタ大会で、2大会連続のメダル獲得。男子だけでなく女子も世界のトップとしてマラソンで戦えることをしめした有森。ここから日本女子マラソンの黄金時代がはじまった。

陸上競技

## 有森裕子

| 1966 | 岡山県に生まれる |
| --- | --- |
| 1990 | 大阪国際女子マラソン 6位。2時間32分51秒は当時の初マラソン日本女子最高記録 |
| 1991 | 大阪国際女子マラソンで全体2位、日本人トップ。当時の日本最高記録2時間28分1秒を樹立<br>世界陸上競技選手権大会 4位 |
| 1992 | バルセロナオリンピック 銀メダル |
| 1996 | アトランタオリンピック 銅メダル |
| 1999 | ボストンマラソン 3位 |

バルセロナオリンピック、エゴロワとのデッドヒート。

## コンタクトをなくしてのぞんだ<br>バルセロナオリンピックで銀メダル

　1992年バルセロナオリンピックの女子マラソン選手の枠は3人。議論の末に3人目に選ばれたのが有森裕子だった。

　オリンピック本番の朝、極度に目が悪い有森がコンタクトレンズを片方なくしてしまう。頭が真っ白になった。「とにかく落ちつけ」と自分にいいきかせ、「コースが見えればいい」「あとは給水所で自分のボトルが見えればいい」と思いなおし、片方だけつけて出場。目がよく見えなかったこともあり、途中、自分が先頭にいるとかんちがいしていた。大通りに出たとき、前方に走るワレンティナ・エゴロワ（ロシア）を見つけ、「先頭じゃなかった」とそこから猛追。最後の登り坂ではげしいデッドヒートをくりひろげた。競技場の直前で抜けだしたのはエゴロワ。有森は2位でフィニッシュ。陸上女子としては1928年の人見絹枝以来64年ぶりとなるメダル獲得だった。

## 「自分で自分をほめたいと思います」

　銀メダルをとった有森には「次は金」との期待がかかり、大きな重圧となっていた。しかし、バルセロナ大会以降は足を痛めてかかとを手術し、一時は車椅子生活になった。

　1996年アトランタ大会。18km過ぎに飛びだしたのはファツマ・ロバ（エチオピア）。2位集団にいた有森は29km過ぎの坂でスパート。追ってきたのは、4年前の金メダリスト、エゴロワだった。しばらく並走したがエゴロワに先をゆずり3位の位置に。そのまま競技場に入ったが、すぐうしろにカトリン・ドーレ（ドイツ）がせまる。そのとき小出義雄監督の声が聞こえた。「うしろ来てるぞ。今すぐ速く逃げろ」。有森は必死に逃げて3位でフィニッシュ。ドーレとの差は6秒だった。直後のインタビューで「メダルの色は銅かもしれませんけれど……初めて自分で自分をほめたいと思います」と語った。

### 恩師・小出義雄

順天堂大学時代は箱根駅伝に3年連続出場し、卒業後は高校の体育教員となった。その後、教員を辞め、リクルート陸上部の監督に就任する。そこに飛びこんできたのが有森だった。たいした実績もないのにやる気だけある有森を小出監督は、その「根拠のないやる気」だけを評価してリクルート陸上部に入部させた。小出は有森をそだてただけでなく、2000年シドニーオリンピック金メダリストの高橋尚子も指導した。2019年、80歳で永眠。

 8月2日：有森が1992年に銀メダルを獲得したのは日本時間の8月2日。64年前に日本の女子陸上選手として人見絹枝が初めてオリンピックのメダル（銀）を獲得したのも8月2日。さらに人見絹枝の命日も8月2日だった。人見も有森も岡山出身。不思議な縁だ。

日本がほこる女子マラソン金メダリスト2人

# 高橋尚子と野口みずき

　2000年シドニーオリンピック、女子マラソンで、高橋尚子は日本女子陸上選手初の金メダリストとなった。4年後のアテネオリンピックの女子マラソンでも、今度は野口みずきが2大会連続の金メダルを日本にもたらした。歩幅の小さいピッチ走法の高橋と、歩幅の大きいストライド走法の野口。対照的な走りの2人はともに世界の頂点に立った。

陸上競技

## 高橋尚子

- 1972 岐阜県に生まれる
- 1998 アジア競技大会 優勝
- 2000 シドニーオリンピック 金メダル
- 2001 ベルリンマラソン 優勝（世界最高記録）
- 2002 ベルリンマラソン 優勝

## 野口みずき

- 1978 静岡県に生まれる
- 2002 名古屋国際女子マラソン 優勝
- 2003 大阪国際女子マラソン 優勝
     世界陸上 2位
- 2004 アテネオリンピック 金メダル
- 2005 ベルリンマラソン 優勝（日本記録更新）
- 2007 東京国際女子マラソン 優勝

シドニーオリンピック、トップで快走する高橋。

アテネオリンピック、フィニッシュの競技場にトップで入る野口。

## 高橋尚子のシドニーは日本女子初の金

　1998年のアジア競技大会の女子マラソン。スタートからいきなり独走状態に入った高橋は、30度の猛暑のなか、そのままハイペースでフィニッシュ。2位に13分以上の差をつけ、世界から注目されるランナーとなる。

　むかえた2000年シドニーオリンピック。18km過ぎから高橋、市橋有里、リディア・シモン（ルーマニア）が抜けだす。22km過ぎから高橋とシモンの一騎打ち。33km過ぎでサングラスを投げすて、一気にスパートしてシモンを突きはなす。リズミカルなピッチ走法で独走し、競技場でシモンに追いあげられるも逃げきり、笑顔で1位フィニッシュ。日本女子陸上選手初の金メダリストが誕生した。

　翌2001年のベルリンマラソンでは、2時間19分46秒で優勝。日本人選手として初めて当時の世界最高記録を更新するとともに、女子選手として世界で初めて2時間20分の壁をやぶった。

## 野口みずきのアテネは2大会連続の金

　初マラソンは2002年の名古屋国際女子マラソン。25km過ぎで独走状態になり、そのまま初優勝をかざる。翌年、2回目のマラソンとなる大阪国際女子マラソンでも優勝。同じ年の世界陸上パリ大会ではトップのキャサリン・ヌデレバ（ケニア）と19秒差の2位。2004年アテネオリンピックの代表に選出された。

　アテネの本番では、25km付近からロングスパート。ダイナミックなストライド走法で海外の有力選手たちをふるいおとし、野口の1人旅となる。35km付近でヌデレバが差をつめてきたが逃げきり、フィニッシュ。日本に女子マラソン2大会連続の金メダルをもたらした。

　2005年のベルリンマラソンでは、2時間19分12秒の大会新記録、そして日本新記録で優勝。この記録はその後、2024年に前田穂南に更新されるまで、19年やぶられることはなかった。

## 野口の日本記録を19年ぶりに更新した前田穂南

　2017年の北海道マラソンでは、2時間28分48秒で優勝。2019年には東京オリンピックの代表をきめるマラソングランドチャンピオンシップ（MGC）でも優勝し、代表に内定した。2021年に札幌で開催された東京オリンピックの女子マラソンでは33位。そして2024年の大阪国際女子マラソンでは、ペースメーカーより速いペースで走り、日本人トップの2位でフィニッシュ。記録は2時間18分59秒。野口みずきのもっていた日本記録2時間19分12秒を19年ぶりに更新した。

**ライバル？**：高橋尚子と野口みずき。2人はライバルといわれたこともあったが、公式のフルマラソンで対決したことはない。2人が同じ大会で競ったのは、2000年7月におこなわれた札幌国際ハーフマラソンの1回だけ。このときは高橋が優勝し、野口は3位だった。

### 投てき種目でアジア初の金メダリストとなったレジェンド

# 室伏広治

驚異的な身体能力をもつハンマー投げのレジェンド。日本選手権ではなんと20連覇。2003年に海外の大会で出した84m86という日本記録はいまだにやぶられていない。2000年シドニー大会から4回連続オリンピックに出場し、2004年アテネ大会で金メダルを獲得した。投てき種目ではアジア初、日本人初の金メダリスト誕生だった。室伏広治は、世界とのあいだにあった壁を打ちやぶり、日本の投てきの先駆者になったのである。

陸上競技

## 驚異的なフィジカルと、トレーニングの工夫

　父は「アジアの鉄人」とよばれたハンマー投げのスペシャリストだった。その父の話によると、室伏は生後数か月で懸垂をはじめたという。小学校1年で立ち幅跳び1m90cm、高校2年で立ち幅跳び3m27cm、100mは10秒6、握力は127kgなど、驚異的な身体能力を伝える逸話がたくさんある。
　それでも多くのハンマー投げ選手のなかで室伏は細身だ。投てき選手の多くは体を大きくし、力で投げようとする。筋肉をつけようとして、なかにはドーピングという禁止行為に走ってしまう選手もいる。一方、室伏は足の位置を研究するとともに、重心の位置をそれまで常識とされていた左ではなく右においた。そして、だれよりも速いスピードで回転し、ハンマーに勢いをつける。このような、より遠くに投げるための体の動かし方をひとつずつつくりあげていった結果、世界の頂点に立つことができたのだ。

### 室伏広治

| 1974 | 静岡県に生まれる |
| --- | --- |
| 1994 | アジア競技大会 2位 |
| 1995 | 日本選手権 優勝。以降2014年まで20連覇 |
| 1998 | アジア競技大会 優勝 |
| 2000 | シドニーオリンピック 9位 |
| 2002 | アジア競技大会 優勝 |
| 2003 | 世界陸上 3位 |
| 2004 | アテネオリンピック 金メダル |
| 2008 | 北京オリンピック 5位 |
| 2011 | 世界陸上 優勝 |
| 2012 | ロンドンオリンピック 銅メダル |

## 4回オリンピックに出場し、金と銅

　室伏はオリンピックに4回連続出場している。2回目の2004年アテネ大会の決勝ではアドリアン・アヌシュ（ハンガリー）がトップで室伏が追う展開だった。最終6投目で室伏は82m91の大きな投げを記録したが、83m19のアヌシュに28cmおよばず2位。しかし、アヌシュがドーピング違反で失格となり、室伏が金メダリストとなった。
　4回目の出場となった2012年ロンドン大会では、クリスティアン・パルシュ（ハンガリー）が決勝3投目、80m59でトップに立ちそのまま優勝。室伏の記録は78m71。プリモジュ・コズムス（スロベニア）が室伏を抜く79m36で2位に入り、室伏は銅メダルとなった。
　アテネ大会以前のオリンピックの陸上競技で、日本から投てき種目のメダリストがあらわれると想像していた人はほとんどいなかった。それほど室伏のメダルは貴重なものだった。これ以降、陸上競技で日本選手が活躍する種目が多様化していく。

ロンドンオリンピックの室伏。

### 室伏広治の父・重信は「アジアの鉄人」

　室伏広治の父が重信である。ハンマー投げの選手として、オリンピック日本代表4回（1980年モスクワ大会は日本がボイコットしたため出場は3回）。アジア競技大会5連覇で「アジアの鉄人」とよばれた。日本選手権10連覇を達成し、親子で30連覇。引退後は広治を指導。投げるときの回転の速さは父から息子に伝えたものである。ちなみに重信の娘で広治の妹の室伏由佳もハンマー投げの選手で、前の日本記録保持者である。

北京オリンピックで室伏広治を指導する重信。

**ハンマーの重さ：** オリンピックのハンマー投げで使用するハンマーの重さ（砲丸、ワイヤー、グリップの合計）は、男子が7.26kg、女子が4.00kg。これは砲丸投げで使用する砲丸の重さと同じだ。

オリンピックの陸上男子短距離で初のメダルを獲得！

## 2008年北京オリンピック
# 男子4×100mリレーチーム

2008年北京オリンピックの陸上男子4×100mリレーチームは、人見絹枝以来80年ぶりに日本陸上トラック種目にメダルをもたらした。長距離では世界トップクラスの選手を出しながら、短距離では体格などの差によりメダルにとどかなかった日本男子選手にとっての快挙である。100mのもちタイムが10秒を切る選手が1人もいないなかで、世界の強豪に勝った4人。そこにはバトンパスの秘密があった。

陸上競技

## 歓喜の瞬間、バトンを高く投げあげる

　北京オリンピック男子4×100mリレー決勝。アンカーとしてフィニッシュラインを走りぬけた朝原宣治は、3走の髙平慎士と顔を見あわせながら、順位が出るのを待った。3位？ いや、4位か……。まず表示されたのは、1位ジャマイカ、37.10の世界新記録。2位はトリニダード・トバゴ、38.06。それから、うつしだされたのは……3位ジャパン、38.15。メダル獲得が実現した瞬間、朝原はわれを忘れてバトンを高く投げあげた。朝原と髙平は抱きあい、跳びはねて大声をあげる。塚原直貴、末續慎吾、髙平、朝原の4人は、オリンピック男子トラック種目初のメダル獲得をきめた。

　のちにジャマイカチームのドーピングが発覚して金メダルがはく奪され、日本チームは銀メダルとなった。

左から末續、髙平、朝原、塚原。

## 予選タイムは3位。強いプレッシャー

　当時の日本には100m10秒を切る選手はいなかった。9秒台の選手がひしめきあう海外のチームにくらべると、日本チームの力はよくても5位程度だった。しかし、予選では優勝候補のアメリカと前回大会金メダルのイギリス、銅メダルのナイジェリアが失格や途中棄権になり、決勝に進出したチームのなかで3番目のタイムになった。失敗しなければ初メダル獲得だ。大きなプレッシャーを感じながら4人は翌日の決勝にのぞんだ。

### リレーのバトンパス

　日本チームはバトンパスの技術をみがいてきた。バトンパスにはおもに、腕を高くあげ、てのひらを上に向けてバトンを受ける「オーバーハンドパス」と、てのひらを下にした状態で受ける「アンダーハンドパス」があるが、日本チームは後者を採用。減速せずに受けわたしができるが、タイミングがむずかしい。失敗のリスクが大きいためほかの国ではあまりやらないが、日本はこの方法をあえて選び、何度も練習した。それがリレーのメダル獲得につながったのだ。

### 塚原直貴

| 1985 | 長野県に生まれる |
| 2006 | 日本選手権100m優勝（この年から3連覇） |
|  | アジア競技大会100m2位 |

### 末續慎吾

| 1980 | 熊本県に生まれる |
| 2001 | 日本選手権200m優勝 |
| 2002 | アジア競技大会200m優勝 |
| 2003 | 日本選手権100m、200m優勝 |
|  | 世界陸上200m3位 |
| 2004 | 日本選手権100m優勝 |
| 2006 | 日本選手権200m優勝（2007年も連覇） |
|  | アジア競技大会200m優勝 |

### 髙平慎士

| 1984 | 北海道に生まれる |
| 2004 | 日本選手権200m優勝（2005年、2008年、2009年、2011年も優勝） |
| 2006 | アジア競技大会200m3位 |
| 2009 | アジア選手権200m2位 |

### 朝原宣治

| 1972 | 兵庫県に生まれる |
| 2002 | アジア競技大会100m2位 |

## 練習をかさねたアンダーハンドパス

　スタートが得意な1走の塚原は勢いよく飛びだし、バトンをもつ手を2走の末續に向けてのばした。塚原のスピードを信頼して全力で走りだしていた2走の末續に、練習したアンダーハンドパスでしっかりとバトンがわたる。2003年の世界陸上の200mで銅メダルを獲得したスター選手の末續はぐんぐん加速していく。スピードとスタミナのある3走の髙平にバトンパス。3走でジャマイカのスーパースター、ウサイン・ボルトに先をゆるすのはしかたがない。バトンは、ボルトに次ぐ2番手でアンカーの朝原へ。全力で走る朝原は必死の形相でフィニッシュラインを走りぬけた。

**北京オリンピックの4×100mリレー決勝進出**：2つの組で予選を走り、それぞれの組の上位3チームと、記録上位の2チームの合計8チームが決勝に進出す。日本は予選1組2位、全体3位の成績で決勝に進出した。

華麗なバトンパスでスピードを増した、リレー侍たちの銀メダル

## 2016年リオデジャネイロオリンピック
# 男子4×100mリレーチーム

2008年北京大会で銀メダルを獲得した陸上男子4×100mリレー。2012年ロンドン大会では4位入賞だったが、2016年リオデジャネイロ大会ではふたたび銀メダルを獲得した。北京大会では失格だった強豪アメリカに先着しての快挙だ。今回も100mのもちタイムが10秒を切る選手が1人もいない（2016年時点）なかで、美しくみがかれたバトンパスが、シャープにさえわたった。ここから日本の短距離選手もそれぞれのレベルが上がり、9秒台を出すようになっていく。

陸上競技

## 「はい！」銀メダルへバトンをつなぐ

　2016年リオデジャネイロオリンピック、男子4×100mリレー決勝。入場した日本チームは、横一列に並ぶと、それぞれ右腕を反対側の腰から振りあげた。侍が刀を抜く動作だ。観客の笑顔と拍手をよんだ。

　スタートの号砲がひびく。1走山縣亮太のスタートは速かった。追ってくる強豪選手を気にせず2走だけに意識を集中させた。走りだした2走飯塚翔太に向かい、トップを争う順位でバトンをもった手をのばす。「はい！」。山縣の声に反応して飯塚のうしろに手があがる。だが、空振りしてしまう。もう一度。とどかない。今度こそ。飯塚の手がバトンをうばいさっていった。

　山縣を信じていた飯塚はこの間、まったく加速をゆるめなかった。バトンを手にしてひたすら走り、先頭争いを演じながら、3走の桐生祥秀に向かう。「はい！」。飯塚は逃げていく桐生に向けてけんめいに手をのばす。バトンはわたった。

左から山縣、飯塚、桐生、ケンブリッジ。

## 0秒02差でアメリカに勝った！

　3走の桐生は爆発的な加速を見せた。「はい！」という大きい声がひびき、アンカーのケンブリッジ飛鳥がバトンを受ける。

　ひとつ内側のレーンでは、ほぼ同時にジャマイカのウサイン・ボルトがバトンを受けとっていた。その直後、2人のバトンが軽くぶつかった。姿勢をくずすケンブリッジと、おどろいたように見るボルト。だがケンブリッジはあせらずにリズムを立てなおす。史上最高のアスリート、ボルトに食らいつくことはさすがにできない。うしろからは、9秒台のタイムをもつアメリカとカナダの選手がはげしく追いあげてくる。しれつな銀メダル争いはラスト20mで日本とアメリカにしぼられた。なだれこむようにフィニッシュ。選手も観客も電光掲示板を見上げた──「1位ジャマイカ、2位ジャパン37.60、3位アメリカ37.62」。日本はアメリカに勝った。そしてアメリカはバトンのミスで失格になった。

---

### 山縣亮太

| | |
|---|---|
| 1992 | 広島県に生まれる |
| 2013 | 日本選手権100m優勝（2018年も優勝） |
| 2018 | アジア競技大会100m3位 |
| 2021 | 布勢スプリント2021で100m9秒95の日本新記録 |

### 飯塚翔太

| | |
|---|---|
| 1991 | 静岡県に生まれる |
| 2013 | 日本選手権200m優勝（2016年、2018年、2020年も優勝） |

### 桐生祥秀

| | |
|---|---|
| 1995 | 滋賀県に生まれる |
| 2014 | 日本選手権100m優勝（2020年も優勝） |
| 2017 | 100mで日本史上初の9秒台となる9秒98を記録 |

### ケンブリッジ飛鳥

| | |
|---|---|
| 1993 | ジャマイカに生まれる |
| 2016 | 日本選手権100m優勝 |

## 2024年パリオリンピックの男子4×100mリレー

　2024年パリオリンピックの男子4×100mリレー。日本は、途中棄権に終わった東京大会のリベンジをかけて挑んだ。日本は予選を全体の4位で決勝に進んだ。

左から上山、桐生、坂井、サニブラウン。

決勝のオーダーは1走が坂井隆一郎、2走がサニブラウン・アブデル・ハキーム、3走が桐生祥秀、アンカーが上山紘輝の4人。

　1走坂井がするどいスタートから2走のサニブラウンにバトンパス。サニブラウンは力強い加速でトップに立つ。だが3走の桐生はイタリアに抜かれ、上山は順位をキープできず5位でフィニッシュ。タイムは37秒78のシーズンベストだったが、おしくもメダルにとどかなかった。

---

 **リオデジャネイロオリンピック男子4×100mリレーの予選**：日本が走った予選2組には強豪ジャマイカがいたが、日本はトップで通過した。じつは予選のジャマイカチームにはウサイン・ボルトがいなかったのだ。それでもアサファ・パウエルなどがいるジャマイカに勝ったのはすごい。

世界陸上で日本初、男子100m決勝進出をはたす

# サニブラウン・アブデル・ハキーム

2015年の世界ユース選手権で100m、200mの二冠に輝き、200mではウサイン・ボルト（ジャマイカ）の大会記録を更新。同じ年の世界陸上では男子200mに日本最年少（16歳）で出場し準決勝進出。アメリカのフロリダへわたり強くなると、2022年の世界陸上男子100mで、1932年ロサンゼルスオリンピックの吉岡隆徳以来90年ぶりとなる国際大会男子100mの入賞をはたした（7位）。期待された2024年パリオリンピックでは準決勝で9秒台を出したが、ハイレベルだったため決勝に残れなかった。

陸上競技

パリオリンピック男子100m予選。

### サニブラウン・アブデル・ハキーム

| 1999 | 福岡県に生まれる |
|---|---|
| 2015 | 世界ユース選手権 100m、200m優勝 |
| 2017 | 日本選手権 100m、200m優勝 |
|  | 世界陸上 200m 7位 |
|  | フロリダ大学入学 |
| 2022 | 世界陸上 100m 7位（日本人初の決勝進出） |
| 2023 | 世界陸上 100m 6位（世界陸上での日本人最高順位） |

## 世界陸上、日本選手として最高の6位

　2017年の日本選手権男子100mと200mで優勝。末續慎吾以来14年ぶりの短距離二冠を達成。その年の9月からスポーツ強豪校のフロリダ大学（アメリカ）へ進学。拠点もフロリダにうつす。

　2019年5月、アメリカ・アーカンソー州で開催された大会の男子100m決勝で、日本歴代2位の9秒99で優勝。桐生祥秀に次ぐ9秒台ランナーとなった。6月にはテキサス州でおこわれた大会で9秒97の日本新記録（当時）を樹立した。

　2022年の世界陸上で、予選を9秒98の好タイムで通過。翌日の準決勝では1組3着となったが、タイムで決勝進出をきめた。世界大会の男子100mで日本選手が決勝に進出するのは1932年ロサンゼルスオリンピックの吉岡隆徳以来90年ぶりの快挙だった。決勝は10秒06で7位に入賞した。2023年世界陸上男子100m。準決勝では9秒97の自己タイ記録をマークしふたたび決勝進出。決勝は10秒04で6位。世界陸上で日本人最高の順位となった。

## パリで自己ベスト、まだまだのびる

　2024年パリオリンピックの男子100m予選。サニブラウンは、10秒02の日本人オリンピック最高記録をマーク。準決勝ではこの記録を大きくぬりかえ、9秒96の自己新記録で4位に入った。しかし決勝に進出できたのはいちばんおそい選手で9秒93。サニブラウンはおしくも決勝をのがした。男子100mの世界大会で、9秒台の選手が決勝に進めないことは初めてだ。それほどパリオリンピックのレースはレベルが高かった。

　サニブラウンは2年間に0.1秒のペースで記録を縮めている。このままでいけば数年後には9秒90を切るタイムが出る可能性がある。さらに成長を続ける若いサニブラウンには、大きな期待が寄せられている。

### 日本の男子100m、10秒の壁

　1998年にタイのバンコクでおこなわれたアジア競技大会で伊東浩司が10秒00の日本記録を打ちたてた。だがそれ以降、10秒の壁を打ちやぶる選手は長いあいだ出現しなかった。それをやぶったのは桐生祥秀。福井県でおこなわれた2017年日本学生陸上競技対校選手権男子100m決勝で9秒98（追い風1.8m）を記録した。それ以降、サニブラウン、山縣亮太によって、さらに日本記録は更新されている。

桐生9秒98の走り。

**陸上男子100mの記録**：世界記録は2009年にウサイン・ボルト（ジャマイカ）が記録した9秒58。日本記録は2021年に山縣亮太が出した9秒95。2015年に桐生祥秀が9秒87を記録したが、これは追い風3.3mだったため「追い風参考記録（風速2m以上）」となり、公認されていない。（2024年時点）

オリンピック陸上フィールド、日本人女子初メダリスト

# 北口榛花

2021年の東京オリンピックやり投げ決勝では、12人中12位に終わった。しかし、その後2022年の世界陸上で3位になると、2023年の世界陸上でついに優勝する。ここからは女王として実力を発揮。ダイヤモンドリーグで年間チャンピオンになり、重圧のかかったパリオリンピックでは、堂どうと1投目からビッグスローを見せ、みごと優勝。オリンピックで、日本の女子フィールド種目史上初となる金メダルを獲得した。

# 陸上競技

パリオリンピックで優勝、よろこびを爆発させる。

## 北口榛花

| | |
|---|---|
| 1998 | 北海道に生まれる |
| 2019 | 単身チェコにわたり、デイビッド・セケラックの指導を受ける |
| 2021 | 東京オリンピックで決勝進出 |
| 2022 | 世界陸上 3位 |
| 2023 | 世界陸上 優勝 |
| | ダイヤモンドリーグ 年間チャンピオン |
| 2024 | パリオリンピック 金メダル |
| | ダイヤモンドリーグ 年間チャンピオン |

## ダイヤモンドリーグ年間チャンピオン

　2021年、東京オリンピックでは、予選6位で決勝進出。メダルもねらえると思われたが、予選のあとから左脇腹に痛みが生じ、決勝では12人中12位とくやしい結果に終わった。

　そのリベンジをはたすべく、2022年にアメリカのオレゴンでおこなわれた世界陸上で3位になり、世界の強豪の仲間入りをはたした。2023年、ハンガリーのブダペスト世界陸上では、66m73のビッグスローで1位。世界陸上で日本の女子フィールド種目史上初となる金メダル獲得をなしとげた。

　陸上競技のトップ選手たちが、世界の各都市で14戦をおこなう「ダイヤモンドリーグ」。そのファイナルでは年間チャンピオンがきまる。2023年のファイナルに出場した北口は、63m78で優勝。2024年も66m13で年間チャンピオンに輝いている。

## パリでは第1投から絶好調

　2024年のパリオリンピック。北口には早くから金メダルの期待がかけられていた。しかし、その重圧を感じさせない集中力で、決勝1投目からいきなり65m80のシーズンベストを記録。ほかのメンバーにプレッシャーをあたえ、そのままみごとに優勝をかざった。それまで「最終6投目のビッグスロー」「逆転の北口」が代名詞になっていたが、この日は最初から本物の強さを発揮。オリンピックでも、日本の女子フィールド種目史上初となるメダルを金メダルでかざった。

　かつて室伏広治がやったように、体格差で越えられないと思われていた世界の壁を、北口はみごとに越えてみせた。北口がチェコで身につけた投てきのテクニックやトレーニング方法は、日本の次の世代に受けつがれていくはずだ。

### 飛ばなくされた「やり」

　1986年に男子のやりの規格が変更になった。その理由は1984年にウベ・ホーン（当時の東ドイツ）が104.80mという大記録を出したからである。やりが100mも飛ぶと陸上競技場のフィールドから飛びだし、トラックを走る走者にあたりかねないのだ。そこでやりの重心の位置が従来よりも4cm先端方向に移動された。この規格変更のため、変更以前のやり投げの世界記録は公認記録とみなされなくなり、変更された年の世界記録はそれ以前にくらべて11mも減った。

　女子は1999年に重心の位置を3cm先端方向に移動した。

どのやりも長さや重さ、重心の位置はきまっている。

 「やり投げ大国」チェコ：2024年現在のやり投げ世界記録保持者は男子がヤン・ゼレズニー、女子はバルボラ・シュポタコバ。2人はともにチェコの選手だ。北口はその「やり投げ大国」チェコに留学し、デイビッド・セケラックコーチのもとでトレーニングをかさね、世界の頂点に立った。

# まだまだいる！歴史をつくった選手たち

## 西田修平と大江季雄
棒高跳び

**半分に切ってつないだ「友情のメダル」**

1936年ベルリンオリンピックの棒高跳びで、西田修平と大江季雄は2位争いをくりひろげていた。勝負がつかず、試合が5時間を超えたころ、審判から「日本人どうしだからもういいだろう」といわれ、試合は終了。2人とも2位と思っていたら、西田が2位、大江が3位となっていた。話がちがうと考え、帰国後2人はメダルを半分に切ってつなぎあわせ、銀と銅でできたメダルを2つつくった。それは「友情のメダル」とよばれた。

●おもな実績
**西田修平**（写真右）
1932年 ロサンゼルスオリンピック 銀メダル
1936年 ベルリンオリンピック 銀メダル
**大江季雄**（写真左）
1936年 ベルリンオリンピック 銅メダル

## 瀬古利彦
マラソン

**日本のマラソンブームをリードした**

早稲田大学2年生で出場した1977年福岡国際マラソンで日本人最高の5位。翌年は、同じ大会で初優勝をかざった。1979年にボストンマラソン2位。1980年モスクワオリンピック代表に選ばれる（日本は不参加）。1984年ロサンゼルスオリンピック、1988年ソウルオリンピックに出場し、引退。早稲田大学の指導者として母校を箱根駅伝優勝に導く。近年はマラソン強化戦略プロジェクトリーダーとして日本のマラソンのレベル向上に力をそそぐ。

●おもな実績
1978年 福岡国際マラソン 優勝
1979年 ボストンマラソン 2位
1984年 ロサンゼルスオリンピック 14位
1988年 ソウルオリンピック 9位

## 中山竹通
マラソン

**序盤からハイペース、情熱のランナー**

1984年の福岡国際マラソンで初優勝。1986年にソウルでおこなわれたアジア競技大会では2時間8分21秒で優勝。この記録はいまだアジア競技大会ではやぶられていない。瀬古利彦の走りを研究し、スピードを身につけた。中山の走りは、いきなりハイペースでとばし、最後は逃げきるか失速するかの熱い展開だった。多くの大会で優勝をかさねたが、オリンピックでメダルをとることはできなかった。

●おもな実績
1984年 福岡国際マラソン 優勝
1986年 アジア競技大会 優勝
1987年 福岡国際マラソン 優勝
1988年 ソウルオリンピック 4位
1992年 バルセロナオリンピック 4位

## 谷口浩美
マラソン

**あのアクシデントがなければ……**

1985年の別府大分毎日マラソンで初優勝。以降、多くの大会で活躍する。圧巻は1991年の世界陸上東京大会。30度を超える気温で途中棄権する選手があいつぐなか、みごと優勝。日本にとって世界陸上史上初の金メダルとなった。1992年バルセロナオリンピックでは20km過ぎの給水所でシューズのかかとをふまれて転倒。大きくタイムをロスしたが、追いあげて8位。このアクシデントがなかったら、と多くの人が考えた。

●おもな実績
1985年 別府大分毎日マラソン 優勝
1987年 東京国際マラソン 優勝
1991年 世界陸上 優勝
1992年 バルセロナオリンピック 8位

陸上競技

## 森下広一（マラソン）
### オリンピックで24年ぶりの銀メダル

オリンピックの男子マラソンで、日本は1968年メキシコシティー大会の君原健二以来しばらくメダルから遠ざかっていた。国内大会に２回出場して２回とも優勝したスピードランナーの森下広一は、1992年バルセロナ大会に出場。韓国選手とはげしくトップを争った結果、最後の急坂でつきはなされたが、24年ぶりのメダル（銀）を獲得した。森下以降、オリンピックの男子マラソンでメダルを獲得した日本人選手はいない。

●おもな実績
1991年 別府大分毎日マラソン 優勝
1992年 東京国際マラソン 優勝
　　　 バルセロナオリンピック 銀メダル

## 為末 大（400mハードル）
### 世界選手権で日本初の短距離銅メダル

2000年シドニーオリンピックの400mハードルでは予選で転倒。しかし、2001年の世界陸上では47秒89の日本新記録で３着。オリンピックと世界陸上をとおして短距離種目初の銅メダルを獲得した。2004年アテネオリンピックではおしくも決勝進出をのがすも、2005年の世界陸上ではふたたび銅メダルを獲得。引退後はコメンテーター、作家、指導者などとして幅広く活躍中。

●おもな実績
2000年 シドニーオリンピック出場
2001年 世界陸上 ３位
2004年 アテネオリンピック出場
2005年 世界陸上 ３位
2008年 北京オリンピック出場

## 大迫 傑（マラソン）
### クールな勝負師、カリスマランナー

早稲田大学１年生で出場した箱根駅伝では、１区で区間賞。早稲田大学は18年ぶりの総合優勝をかざった。卒業後は2014年アジア競技大会10000mで銀メダルを獲得するなど幅広く活躍。初マラソンは2017年のボストンマラソン。２時間10分28秒で３位。2018年のシカゴマラソンでも３位に入り、２時間５分50秒の日本新記録を樹立した。2021年の東京オリンピックでは６位に入賞した。

●おもな実績
2017年 ボストンマラソン ３位
2018年 シカゴマラソン ３位
2020年 東京マラソン ４位
2021年 東京オリンピック ６位

## 田中希実（中長距離）
### 日本が苦手の中距離に風穴をあけた

中学～高校時代は駅伝やインターハイ、日本選手権の1500m・3000mなどで活躍。2018年、同志社大学に入学。2019年の世界陸上ドーハ大会は、5000mに出場。2021年の東京オリンピックでは5000mと1500mに出場し、1500mでは３分59秒19の日本新記録で男女あわせても日本初の決勝進出をはたし、８位に入賞した。女子中距離種目の入賞は人見絹枝以来93年ぶり。2024年には3000mで８分34秒09の日本新記録を樹立した。

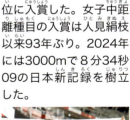

●おもな実績
2021年 東京オリンピック 1500m ８位
2023年 日本選手権 1500m、5000m優勝（2024年も同様）
　　　 世界選手権 5000m ８位
2024年 パリオリンピック出場

# 陸上の歴史をつくった海外の選手たち

## ジム・ソープ／アメリカ
■1888年生まれ〜1953年没　■五種競技・十種競技

### 差別に翻弄されながらも世界最高といわれた選手

1912年ストックホルムオリンピックの五種競技と十種競技を圧倒的な成績で優勝。金メダル授与のとき、スウェーデンの国王・グスタフ5世はソープに「あなたは世界最高のアスリートだ」と声をかけたといわれる。しかし、過去に1週間ほどプロ野球でプレーしたことがオリンピックのアマチュア規定にふれ、メダルは没収。背景にはネイティブアメリカンであるソープに対する人種差別があったとされる。メダルの権利は1982年に回復した。

**1912年** ストックホルムオリンピック
　　　　五種競技、十種競技 金メダル

## ジェシー・オーエンス／アメリカ
■1913年生まれ〜1980年没　■短距離・走り幅跳び

### 差別をくつがえしたヒーロー

ヒトラーのオリンピックといわれた1936年ベルリン大会に出場し、4つの金メダルを獲得した。ヒトラー率いるナチスは、この大会を「アーリア人の優位を世界にしめす大会」という差別的な大会として開催しようとした。だが、陸上競技で活躍したのはアメリカのアフリカ系アメリカ人選手ジェシー・オーエンス。世界の人びとは彼をヒーローとたたえた。

**1936年** ベルリンオリンピック 100m、200m、
　　　　4×100mリレー、走り幅跳び金メダル

## パーボ・ヌルミ／フィンランド
■1897年生まれ〜1973年没　■中長距離

### フィンランドがほこる偉大な走者

1920年アントワープオリンピックでは、男子10000m、クロスカントリー個人と団体で優勝し、金メダルを3つ獲得。1924年パリオリンピックでは2時間以内におこなわれた1500mと5000mで、ともに世界記録を更新して金メダルという快挙をなしとげた。10000mにも出場したかったがフィンランドがほかの選手を出した。これに怒ったヌルミだったが帰国後10000mのレースを世界新記録で優勝した。

**1920年** アントワープオリンピック 10000m、
　　　　クロスカントリー個人、団体金メダル
**1924年** パリオリンピック 1500mなど金メダル5個
**1928年** アムステルダムオリンピック 10000m金メダル

## エミール・ザトペック／チェコスロバキア（現在のチェコ）
■1922年生まれ〜2000年没　■長距離

### 1大会で長距離3種目金メダル

オリンピックの1948年ロンドン大会と1952年ヘルシンキ大会で男子10000m連覇。ヘルシンキ大会では10000mのほかに、5000mとマラソンでも金メダルに輝いている。苦しそうな表情であえぎながら走ったため「人間機関車」とよばれたが、長距離は圧倒的に強かった。

**1948年** ロンドンオリンピック 10000m金メダル
**1952年** ヘルシンキオリンピック 5000m、
　　　　10000m、マラソン金メダル

## アベベ・ビキラ／エチオピア

■1932年生まれ～1973年没　■マラソン

### 世界記録でマラソン連覇

1960年ローマオリンピックと、1964年東京オリンピックの2大会でマラソンの金メダルを獲得した、世界初のオリンピック・マラソン連覇選手。ローマ大会では裸足で走って世界をおどろかせた。東京大会では圧倒的な強さを見せ、世界最高記録で優勝した。

1960年　ローマオリンピック　マラソン金メダル
1964年　東京オリンピック　マラソン金メダル

## エレーナ・イシンバエワ／ロシア

■1982年生まれ～　■棒高跳び

### オリンピック連覇の世界記録保持者

2004年アテネオリンピックで金メダルを獲得。2005年の世界陸上ヘルシンキ大会では女性初の5m台となる5m01で優勝。2008年北京オリンピックで連覇をかざる。2009年のチューリッヒ国際大会で記録した5m06の世界記録は現在もやぶられていない。ロシアのドーピング問題で2016年リオデジャネイロオリンピックの出場を断念した。

2004年　アテネオリンピック　金メダル
2008年　北京オリンピック　金メダル
2012年　ロンドンオリンピック　銅メダル

## カール・ルイス／アメリカ

■1961年生まれ～　■短距離・走り幅跳び

### アメリカが生んだ歴史的ヒーロー

1984年ロサンゼルスオリンピックでは、男子100m、200m、4×100mリレー、走り幅跳びで金メダルを獲得。以降1988年ソウル大会、1992年バルセロナ大会、1996年アトランタ大会に出場し、合計獲得金メダル数は9個。35歳で出場したアトランタ大会では走り幅跳びで4連覇を達成し、地元のアメリカ人をはじめ世界の人びとを感動させた。

1984年　ロサンゼルスオリンピック　100m、200m、
　　　　4×100mリレー、走り幅跳び金メダル
1988年　ソウルオリンピック　100m、走り幅跳び金メダル
1992年　バルセロナオリンピック　4×100mリレー、
　　　　走り幅跳び金メダル
1996年　アトランタオリンピック　走り幅跳び金メダル

## ウサイン・ボルト／ジャマイカ

■1986年生まれ～　■短距離

### オリンピック3大会で短距離制覇

オリンピックでは2008年北京大会、2012年ロンドン大会、2016年リオデジャネイロ大会で金メダルを8個獲得。長身の選手は短距離に向いていないという説をくつがえした。2009年の世界陸上ベルリン大会で記録した100m9秒58は人類初の9秒5台にして、現在もやぶられていない世界記録。空に向かって矢を射るような「ライトニング（稲妻）・ボルト」ポーズは有名になった。

2008年　北京オリンピック　100m、200m金メダル
2012年　ロンドンオリンピック　100m、200m、
　　　　4×100mリレー金メダル
2016年　リオデジャネイロオリンピック　100m、
　　　　200m、4×100mリレー金メダル

# 数かずの記録や記憶を残してきた競泳ニッポン

1924年パリオリンピックで入賞した高石。

1932年ロサンゼルスオリンピックで金メダルを2個獲得した宮崎康二。

## 競泳ニッポン、おどろきの世界制覇

　オリンピックでは1896年第1回アテネ大会から競泳がおこなわれている。日本が初めてオリンピックの競泳に参加したのは1920年アントワープ大会。ところが、日本選手は戦闘や護身を目的とした日本泳法（古式泳法）で泳いだため、クロールで泳ぐ海外の選手にはまったくかなわなかった。だが、この大会で世界の泳ぎを学んで帰った日本競泳メンバーは練習をかさね、4年後の1924年パリ大会で日本は4×200mフリーリレーで4位、また高石勝男が100mと1500m自由形で5位に入賞するなど、着実にレベルを上げてきた。そして1928年アムステルダム大会で、鶴田義行が200m平泳ぎで金メダルに輝く。また4×200mフリーリレーで日本チームは銀メダル、100m自由形で高石が銅メダルを獲得し、ここから「競泳ニッポン」の世界制覇がはじまる。

　1932年と1936年のオリンピックで、日本の競泳陣はものすごいことをなしとげた。まず1932年ロサンゼルス大会では、100m背泳ぎで、清川正二、入江稔夫、河津憲太郎が1位、2位、3位。この大会までは表彰台がなかったため「表彰台独占」ではなかったが、「メダル独占」をはたした。また、鶴田が200m平泳ぎで連覇、小池禮三が銀メダル。1500m自由形でも北村久寿雄が金、牧野正蔵が銀メダルを獲得するなど、日本勢が大暴れ。終わってみれば競泳だけで金メダル5個、銀メダル5個、銅メダル2個という、おどろくような結果を残したのである。

　この勢いは1936年ベルリン大会に引きつがれる。4×200mフリーリレーでは連覇、4年前に銀メダルを獲得した前畑秀子が200m平泳ぎで金メダルに輝くなど、ふたたび日本勢が海外選手を圧倒。金メダル4個、銀メダル2個、銅メダル5個という、みごとな成績だった。この時代、まさに競泳ニッポンは世界に君臨したのだ。

## 重くるしい時代、それでもヒーローはあらわれる

　ところが第二次世界大戦のためにオリンピック2大会が中止になり、12年ぶりにおこなわれた1948年ロンドン大会に日本は招待されなかった。日本水泳連盟はそのロンドン大会と同じときに競泳の日本選手権を実施。

2008年北京オリンピック男子100m平泳ぎで金メダルを獲得した北島。

出場した古橋廣之進はロンドン大会の優勝選手よりはるかに速いタイムで優勝した。その後、古橋は全米水上選手権に出場し、アメリカのトップ選手たちを相手に6種目中5種目で優勝して、アメリカ競泳陣を圧倒した。

その古橋は1952年ヘルシンキ大会で活躍を期待されたが、体調不良のためにメダルをのがしてしまう。ただ、チームメイトの橋爪四郎たちが銀メダルを3個獲得した。1956年メルボルン大会では古川勝が、鶴田義行以来日本のお家芸となっていた200m平泳ぎ（→35ページ）で金メダルを獲得。また山中毅らが銀メダルを4個獲得。続く1960年ローマ大会では銀メダル3個と銅メダル2個。ところが自国開催の1964年東京大会でのメダルは男子4×200mフリーリレー銅メダルの1個だけ。1968年メキシコシティー大会はメダルなし。1972年ミュンヘン大会で田口信教と青木まゆみが金メダルを獲得したが、それ以降しばらくメダルから遠ざかる。

ひさしぶりに金メダルを手にしたのは1988年ソウル大会100m背泳ぎの鈴木大地だった。次の1992年バルセロナ大会では14歳の岩崎恭子が200m平泳ぎで金メダルを獲得する。

## 二冠2連覇の天才スイマー出現

低迷していた日本の競泳は、2000年シドニー大会から少しずつ元気をとりもどす。中村真衣ら女子選手が銀メダルを2個、銅メダルを2個獲得した。加えて17歳の北島康介が4位に入賞した。そして4年後の2004年アテネ大会で、北島が100mと200m平泳ぎでともに金メダルを獲得。二冠に輝いたのだ。この大会の競泳の獲得メダルは、金3個、銀1個、銅4個。競泳ニッポンが復活した。北島は次の2008年北京大会でも絶好調。ふたたび100mと200m平泳ぎで金メダルを獲得。二冠2連覇の快挙を達成した。日本のお家芸200m平泳ぎの伝統はしっかりと守られた。

2012年ロンドン大会では金メダルがなかったが、2016年リオデジャネイロ大会では200m平泳ぎの伝統を金藤理絵が引きついで優勝。さらに萩野公介が400m個人メドレーで金メダルに輝いた。個人メドレーのタスキは2021年東京大会の大橋悠依に引きつがれる。大橋は200mと400m個人メドレーで二冠に輝いたのだ。

2024年パリ大会の競泳は銀メダル1個にとどまった。はたして、今後の大会で天才はあらわれるか、競泳ニッポンの復活を心から期待したい。

## 日本競泳初のオリンピック金メダリスト
# 鶴田義行(つるたよしゆき)

　日本競泳陣のオリンピック参加は1920年アントワープ大会にはじまる。1924年パリ大会では高石勝男らが活躍するも、メダルにはとどかなかった。そこに登場したのが鶴田義行だ。1928年アムステルダムオリンピック競泳男子200m平泳ぎで金メダル。同じ大会で先に陸上の織田幹雄が日本初の金メダルを獲得していたため、鶴田は日本にとってオリンピック史上2人目の金メダリストになった。さらに鶴田は1932年ロサンゼルス大会で連覇を達成。日本初のオリンピック連覇者になった。

競泳

## 泳げなかった少年が金メダリストに

　ある日、兄に川へ投げこまれた鶴田はうまく泳げずおぼれかけてしまった。このことが闘争心に火をつけ、ひたすら泳ぐ練習をはじめる。海軍に入隊した鶴田は、訓練での力強い泳ぎが上官の目にとまり、水泳部に入部した。そして1925年の明治神宮競技大会に出場し、男子200m平泳ぎで優勝。これがきっかけとなって1928年アムステルダムオリンピックの日本代表に選ばれた。

　オリンピックの出場種目は男子200m平泳ぎ。予選、準決勝を勝ちすすみ、決勝では当時の世界記録保持者エーリッヒ・ラーデマッハー（ドイツ）をおさえて優勝した。その6日前には織田幹雄が陸上三段跳びで金メダルを獲得したため、日本選手としては2人目、競泳では日本人初の金メダリストとなった。

## サポート役が優勝してしまった

　アムステルダム大会の翌年、京都でおこなわれた大会の200m平泳ぎで2分45秒0の世界記録を樹立。その後、鶴田に1932年ロサンゼルス大会へ出場の声がかかる。体力の限界を感じはじめていた鶴田は考えた末、若手の有力選手・小池禮三をサポートする目的でオリンピックへ参加することにした。1932年ロサンゼルス大会のときの年齢は、鶴田が29歳、小池は16歳。男子200m平泳ぎの優勝候補には若手のホープ、小池の名前があがっていた。

　むかえた200m平泳ぎの予選では、鶴田と小池は同タイムで準決勝進出をきめた。準決勝では小池がトップで鶴田は2位。そして決勝ではラスト50mから鶴田が抜けだし、1位でフィニッシュ。小池は2位。なんとサポート役だったはずの鶴田が優勝してしまったのだ。そして、日本人初のオリンピック連覇という快挙が達成された。

### 鶴田義行（つるたよしゆき）

| | |
|---|---|
| 1903 | 鹿児島県に生まれる |
| 1925 | 日本選手権 200m平泳ぎ優勝 |
| 1926 | 日本選手権 200m平泳ぎ優勝 |
| 1927 | 日本選手権 100m・200m平泳ぎ優勝 |
| 1928 | 日本選手権 100m・200m平泳ぎ優勝 |
| | アムステルダムオリンピック 200m平泳ぎ金メダル |
| 1929 | 日本選手権 100m・200m平泳ぎ優勝 |
| 1930 | 日本選手権 100m・200m平泳ぎ優勝 |
| 1931 | 日本選手権 100m平泳ぎ優勝 |
| 1932 | ロサンゼルスオリンピック 200m平泳ぎ金メダル |

1928年アムステルダムオリンピック男子200m平泳ぎで優勝。右は2位のラーデマッハー（ドイツ）。

アムステルダムオリンピック、泳ぎおえた鶴田。

### 日本のお家芸・競泳200m平泳ぎ

　日本のお家芸といわれる競泳200m平泳ぎは1928年アムステルダムオリンピックでの鶴田の金メダルからはじまった。現在までにこの種目で獲得したオリンピックのメダルは16個。そのうち金メダルは9個にのぼる。その歴史を見てみよう。

#### 日本の200m平泳ぎオリンピックメダリスト

| 年 | 大会 | 男女 | メダル | 選手 |
|---|---|---|---|---|
| 1928 | アムステルダム | 男子 | 金 | 鶴田義行 |
| 1932 | ロサンゼルス | 男子 | 金 | 鶴田義行 |
| | | 男子 | 銀 | 小池禮三 |
| | | 女子 | 銀 | 前畑秀子 |
| 1936 | ベルリン | 男子 | 金 | 葉室鐵夫 |
| | | 女子 | 金 | 前畑秀子 |
| | | 男子 | 銅 | 小池禮三 |
| 1956 | メルボルン | 男子 | 金 | 古川勝 |
| | | 男子 | 銀 | 吉村昌弘 |
| 1960 | ローマ | 男子 | 銀 | 大崎剛彦 |
| 1972 | ミュンヘン | 男子 | 銅 | 田口信教 |
| 1992 | バルセロナ | 女子 | 金 | 岩崎恭子 |
| 2004 | アテネ | 男子 | 金 | 北島康介 |
| 2008 | 北京 | 男子 | 金 | 北島康介 |
| 2012 | ロンドン | 女子 | 銀 | 鈴木聡美 |
| 2016 | リオデジャネイロ | 女子 | 金 | 金藤理絵 |

 **日本初**：日本初のオリンピック金メダリストは陸上三段跳びの織田幹雄である。鶴田は織田の6日後に競泳男子200m平泳ぎで金メダルを獲得した。もし、当時のオリンピックが現在のように前半に競泳、後半に陸上競技がおこなわれていれば、鶴田が日本初の金メダリストになっていた。

35

競泳だけで、金5、銀5、銅2のおどろき

# 1932年ロサンゼルスオリンピック
# 日本競泳チーム

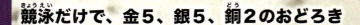

1928年アムステルダムオリンピックでは鶴田義行が金メダルを獲得し、日本の競泳が世界に通用することをしめした。そして日本の競泳が最高に輝いたのが、1932年ロサンゼルス大会だった。日本競泳チームは男子6種目中5種目で金メダルを獲得。また、この大会の競泳男子の総メダル数18個のうち、11個を日本選手が獲得するという快挙をなしとげた。

男子100m背泳ぎ。左から3位河津、2位入江、1位清川。この種目では日本がメダルを独占した。

競泳

## メダルを独占した100m背泳ぎ

男子100m背泳ぎには日本から3選手が出場した。清川正二、入江稔夫、河津憲太郎である。優勝の可能性はあまり高くないと見られていた日本の背泳ぎ選手たちであったが、その予想をみごとに裏切る活躍を見せた。決勝のメンバーは、日本の3人に加え、アメリカ2人、ドイツ1人という構成だ。スタートから飛びだしたのは清川だった。50mのターンで2位との差をひろげ、そこに入江と河津が続く。結果はなんと、日本の3選手、清川、入江、河津が1、2、3フィニッシュ。メダルを独占する結果となった。

## 自由形もすごかった

男子100m自由形には宮崎康二、河石達吾、高橋善次郎の3選手が出場。3人とも予想通り決勝に進出した。決勝のメンバー6人は、日本選手3人、アメリカ選手3人の日米対決となった。まず飛びだしたのは河石と高橋。50mのターンで宮崎が追いついていた。ラスト25mで抜けだしたのは宮崎。結果は1位に宮崎、2位に河石のワンツーフィニッシュとなった。

男子1500m自由形には北村久寿雄、牧野正蔵、石原田愿の3選手が出場。決勝進出をはたした北村と牧野がトップ争いをくりひろげた。1着は北村、すぐに牧野がフィニッシュした。2着と3着との差は25秒あまり。日本の圧倒的な勝利だった。

宮崎康二、遊佐正憲、横山隆志、豊田久吉の4人でのぞんだ男子4×200mフリーリレーは、決勝のみの一発勝負で争われた。記録はそれまでの世界記録を30秒以上更新する8分58秒4で、2着アメリカとの差は10秒以上あった。日本の力は群を抜いていた。

### 1932年ロサンゼルスオリンピック日本獲得メダル

**金メダル**
- 男子100m自由形　宮崎康二
- 男子1500m自由形　北村久寿雄
- 男子100m背泳ぎ　清川正二
- 男子200m平泳ぎ　鶴田義行
- 男子4×200mフリーリレー　宮崎康二、遊佐正憲、横山隆志、豊田久吉

**銀メダル**
- 男子100m自由形　河石達吾
- 男子1500m自由形　牧野正蔵
- 男子200m平泳ぎ　小池禮三
- 男子100m背泳ぎ　入江稔夫
- 女子200m平泳ぎ　前畑秀子

**銅メダル**
- 男子400m自由形　大横田勉
- 男子100m背泳ぎ　河津憲太郎

男子1500m自由形、右が1位の北村、左が2位の牧野。このとき14歳309日の北村は、現在でも競泳男子最年少金メダリスト。

男子4×200mフリーリレー金メダリスト。左から宮崎、遊佐、豊田、横山。

### 日本躍進の影の立役者・田畑政治

朝日新聞の記者から水泳の指導者になる。地元静岡の浜名湖で選手をそだてるとともに日本の競泳を世界一にすべく活動。1932年ロサンゼルスオリンピックでは水泳チームの監督として、日本を勝利に導いた。1936年ベルリンオリンピックでは日本選手団の本部役員をつとめた。第二次世界大戦後は敗戦国日本のオリンピック復帰に力をつくす。また、1964年オリンピックの東京招致にも貢献した。

**現地日系人の反応**：日本競泳チームがアメリカに到着したとき、現地の日系人から「日本人が白人に勝てるわけない」といわれた。戦争に向かう時代、アメリカの日系人はしいたげられていたのだ。だが、オリンピック後は反応が変わった。「祖国である日本を見直しました。ありがとう」。

**快挙ふたたび、金4、銀2、銅5**

# 1936年ベルリンオリンピック
# 日本競泳チーム

男子4×200mフリーリレー金メダリスト。左から杉浦、新井、遊佐、田口。

4年後の1940年東京オリンピック（のちに開催を返上）に向けて強化をはかってきた日本競泳チーム。爆発的な強さを発揮した4年前のロサンゼルス大会の勢いをそのままに、1936年ベルリンオリンピックでも世界を圧倒してみせた。男子は競泳全メダルの半数以上を獲得し、「水泳強国日本」の名をふたたび世の中に知らしめた。女子も初めて金メダルを獲得した。

# 競泳

## 自由形は長距離とリレーで金メダル

　男子1500m自由形に日本から寺田登、鵜藤俊平、石原田愨の3選手、ライバルのアメリカからはジャック・メディカが出場。決勝では寺田がメディカに20秒もの差をつけて金メダルを獲得した。2位は鵜藤とメディカの接戦となったが、先着したのはメディカ。鵜藤はタッチの差で銅メダルとなった。

　男子4×200mフリーリレーに日本は遊佐正憲、杉浦重雄、田口正治、新井茂雄の4人でのぞんだ。結果は4年前同様、日本チームの速さが際立った。記録は4年前のタイムを7秒近く更新する8分51秒5の世界新記録。2位のアメリカに10秒以上の差をつけ、日本の力を見せつけた。

　遊佐、新井、田口の3選手が出場した男子100m自由形決勝は、シク・フェレンツ（ハンガリー）が1位。0.3秒差で遊佐が2位、直後に新井がフィニッシュし、田口はわずかな差で4位。日本選手が銀メダルと銅メダルを獲得した。

　男子400m自由形に出場した鵜藤、牧野正蔵、根上博の3選手はともに好記録で決勝に進出した。レースは4年前のロサンゼルス大会の金メダリスト、ジャック・メディカが連覇。メディカに1秒ほどおくれて鵜藤が2着、牧野が3着で、ここでも日本選手が銀メダルと銅メダルを獲得した。

### 1936年ベルリンオリンピック日本獲得メダル

**金メダル**
- 男子1500m自由形　寺田 登
- 男子200m平泳ぎ　葉室鐵夫
- 男子4×200mフリーリレー　遊佐正憲、杉浦重雄、田口正治、新井茂雄
- 女子200m平泳ぎ　前畑秀子

**銀メダル**
- 男子100m自由形　遊佐正憲
- 男子400m自由形　鵜藤俊平

**銅メダル**
- 男子100m自由形　新井茂雄
- 男子400m自由形　牧野正蔵
- 男子1500m自由形　鵜藤俊平
- 男子100m背泳ぎ　清川正二
- 男子200m平泳ぎ　小池禮三

## 平泳ぎは男子も女子も金メダル

　葉室鐵夫、小池禮三、伊藤三郎の3人が出場した男子200m平泳ぎは、3人とも決勝進出をきめる。決勝のレースは葉室と地元ドイツのエルビン・ジータスと小池など4選手がデッドヒートを展開。ジータスは葉室にせまったが、葉室が1位でフィニッシュした。小池は3位に入った。

　女子200m平泳ぎには前畑秀子が出場。4年前の銀メダルを上回る金メダルを獲得し、日本女子初の金メダリストとなった（→40ページ）。

男子200m平泳ぎ、左から2位ジータス、1位葉室、3位小池。

男子200m平泳ぎ、先頭は葉室。

### バタフライの誕生

　平泳ぎは水をかいた腕を水中で前へもどすときに水の抵抗を受けるため、ほかの泳法よりスピードが出ない。そこでドイツのエーリッヒ・ラーデマッハーは、腕を空中でもどせば速くなると考えた。かつて平泳ぎには、手をもどすときのルールはなかったのだ。ラーデマッハーは1928年アムステルダムオリンピックの男子200m平泳ぎに出場し、腕を空中でもどす泳ぎで銀メダルを獲得（金メダルは鶴田義行）。それ以降の大会の平泳ぎでも、同じように泳ぐ選手が増加した。そこで、腕を空中でもどす泳法は平泳ぎとは異なる「バタフライ」とされ、1956年メルボルン大会から独立した種目になった。

---

**聖火リレー**：オリンピックでおこなわれている聖火リレーは、ギリシャのオリンピアで凹面鏡を使って太陽の光を集めて採火した「聖火」を開催地までリレーするというもの。これは1936年ベルリンオリンピックからはじまった。

日本女子初のオリンピック金メダリスト
# 前畑秀子
まえはたひでこ

1932年ロサンゼルスオリンピックの競泳女子200m平泳ぎで銀メダルを獲得した前畑秀子。さらに上を期待する強い声におされて1936年ベルリンオリンピックの同じ種目に出場する。強いプレッシャーにおしつぶされそうになったが、地元選手との一騎打ちを制して金メダルを獲得。オリンピック日本女子初の金メダルは、前畑によってもたらされた。

1936年ベルリンオリンピックで観客の声援にこたえる。

# 競泳

1936年ベルリンオリンピック200m平泳ぎで先頭を泳ぐ前畑（右）。

## 前畑秀子

| | |
|---|---|
| 1914 | 和歌山県に生まれる |
| 1926 | 学童水泳大会 50m平泳ぎで学童女子日本記録 |
| 1927 | 100m平泳ぎで日本記録 |
| 1928 | 自分のもつ100m平泳ぎ日本記録を更新 |
| 1929 | 汎太平洋女子オリンピック大会（ハワイ）100m平泳ぎ優勝 |
| 1930 | 日本選手権 200m平泳ぎ優勝 |
| 1932 | ロサンゼルスオリンピック 200m平泳ぎ銀メダル |
| 1933 | 200m、400m、500m平泳ぎの3種目で世界新記録樹立 |
| 1935 | 日本選手権 200m平泳ぎ優勝 |
| 1936 | 日本選手権兼オリンピック代表選考会 200m平泳ぎ優勝 |
| | ベルリンオリンピック 200m平泳ぎ金メダル |

## 銀メダルをとったのに……

　和歌山県の紀ノ川（紀の川）で泳ぎをおぼえ、小学5年のときに50m平泳ぎで学童新記録を打ちたてる。その後も好記録を連発した前畑秀子は1932年、当然のようにロサンゼルスオリンピックの日本代表に選ばれた。200m平泳ぎに出場した前畑は、みごと銀メダルを獲得。1位との差はわずか0.1秒。日本国民は大よろこびした。だが、このことによって前畑は引退できなくなってしまったのだ。
　祝賀会で前畑は、東京市（現在の東京都）の永田秀次郎市長から思わぬ言葉を聞く。「あなたは、たった10分の1秒の差で、2着になってしまったんだろう？　なぜもう10分の1秒縮めて、金メダルをとってくれなかったんかね？　それがくやしくてたまらないんだよ。前畑さん、4年後のベルリンオリンピックではがんばってくれよ」。前畑は、強い重圧を受けながらきびしい練習をかさね、1936年ベルリン大会をめざした。

## 神様にお願いして金メダル

　ベルリンへ向かう直前、前畑はプレッシャーにおしつぶされそうになっていた。優勝できなかったら死のうとまで考えた。レースの直前、前畑は紙のお守りを水で飲みこんだ。神にたよるしかなかったのだ。そして200m平泳ぎがスタートした。勝負は地元ドイツのマルタ・ゲネンゲルとの一騎打ちになった。ラスト25mでゲネンゲルを引きはなした前畑は、そのリードをたもったままゴールをめざす。そのようすはNHKラジオの生放送で日本に伝えられた。優勝した前畑は、この大会から設けられた表彰台の中央に立ち、「君が代」が演奏されるなか、日の丸に深く頭を下げた。

ベルリン大会の表彰台で頭を下げる前畑。

左は優勝した前畑、右は2位のマルタ・ゲネンゲル。

### 「がんばれ」、「勝った」で日本中をわかせたアナウンサー

　歴史に残るラジオのアナウンスはNHKの河西三省さんの叫びだった。「……前畑、前畑がんばれ、がんばれ、がんばれ、がんばれ、がんばれ、がんばれ……前畑リードしております。前畑がんばれ……リード、あと5メーター、あと5メーター……。勝った、勝った勝った、勝った、前畑勝った……前畑勝ちました、前畑勝ちました……前畑の優勝です。前畑優勝です」。興奮が伝わってくる。

実況のアナウンサーはNHKの河西三省さん。

 **1940年東京オリンピック**：1936年ベルリン大会の4年後、1940年のオリンピックは東京開催がきまっていた。しかし、戦争のため日本は開催を返上。その4年後の大会も中止になり、オリンピックは2大会続けておこなわれなかった。

# 「フジヤマのトビウオ」とよばれた天才スイマー

## 古橋廣之進

1947年に樹立した400m自由形の世界新記録に対して片山哲首相から総理大臣杯が授与された。

　第二次世界大戦で多くのスポーツ選手は徴兵され、亡くなる者もいた。オリンピックも1940年と1944年の大会が中止になり、1948年ロンドン大会は開催されたが戦争で負けた日本は招待されなかった。しかし、その大会と同じときにおこなわれた日本選手権で、世界記録を上回るタイムを出したのが古橋廣之進だった。翌年、アメリカへわたると世界新記録を連発して現地の選手たちに完全勝利。日本の英雄・古橋は、世界をおどろかせ、一夜にしてヒーローになった。彼の活躍は、戦争に負け、打ちのめされていた日本の人びとの心をおおいに勇気づけた。

競泳

## 1948年日本選手権、幻の世界記録

　第二次世界大戦のために開催されていなかったオリンピックが、12年ぶりにおこなわれることになった。1948年ロンドン大会である。だが、敗戦国の日本は参加をみとめられなかった。そこで日本水泳連盟会長の田畑政治（→37ページ）は、ロンドン大会と同じ日に競泳の日本選手権を開くことにした。

　その大会に登場したのが古橋廣之進だ。1500m自由形では世界記録より速い18分37秒0。ロンドン大会金メダリストの記録より40秒以上も速かった。400m自由形もオリンピックの優勝タイムより7秒以上速い。日本が国際水泳連盟から除名されていたため、この記録は世界記録とみとめられなかったが、戦後の苦しい時代の日本人にとって古橋はまさに英雄となった。

### 古橋廣之進

| | |
|---|---|
| 1928 | 静岡県に生まれる |
| 1948 | 日本選手権 400m自由形優勝（日本新記録） |
| | 日本選手権 1500m自由形優勝（日本新記録） |
| 1949 | 全米水上選手権 自由形400m・800m・1500m優勝（3種目とも世界新記録） |
| 1952 | ヘルシンキオリンピック 400m自由形8位 |
| 1990 | 日本オリンピック委員会会長に就任 |
| 2008 | 文化勲章を受章 |

1948年夏季国体（福岡県八幡市、現在の北九州市）
300m自由形は3分20秒8の圧勝で古橋が優勝。

## 1949年全米選手権でヒーローになる

　日本は国際水泳連盟への復帰をみとめられ、1949年全米水上選手権（ロサンゼルス）に参加できることになる。大会で古橋は、自由形の400m、800m、1500mすべてで世界新記録を樹立し、アメリカ選手を打ちまかした。現地の新聞は古橋を「フジヤマのトビウオ」と書き、さらに戦争の敵国日本を軽べつして書いていた「ジャップ」というよび名は、正しい「ジャパニーズ」に変更された。古橋は世界のヒーローになり、戦後の日本人に大きな自信をあたえた。

　翌年、ブラジルのサンパウロでレースをおこない、現地の人びとを熱狂させた古橋だったが、コップ1杯の水で赤痢に感染。腹痛が続き体力は落ちた。ブラジルからアメリカへ移動しエール大学に留学中の世界記録保持者ジョン・マーシャル（オーストラリア）と対決。体調はよくなかったがわずかな差で勝利した。古橋の後遺症は1952年ヘルシンキオリンピックまで続き、男子400m自由形決勝は8人中8位。引退した古橋は日本水泳連盟の会長、さらには日本オリンピック委員会の会長として、日本の水泳、スポーツの発展につくした。

エール大学でマーシャルと一騎打ち。

### パートナーでライバル・橋爪四郎

　古橋は水泳講習会に参加していた橋爪四郎の泳ぎを見て声をかけた。「橋爪くん、おれと一緒にやらないか」。古橋の速さに橋爪は必死についていき、タイムはぐんぐんのびた。1949年全米選手権に橋爪は古橋とともに参加。自由形の400m、800m、1500mで、すべて古橋に次いで2着の活躍を見せた。1952年ヘルシンキオリンピックにも古橋とともに出場。橋爪は男子1500m自由形で銀メダルを獲得した。だが、橋爪はそのメダルを他人に見せていない。後日「いちばん尊敬する人間（古橋）がメダルをもっていないのだから」と語っている。

左は古橋、右が橋爪（1965年）。

 **柴田亜衣に金メダル**：2004年アテネオリンピックの女子800m自由形で柴田亜衣が優勝したことを受けて、国際水泳連盟は急きょメダルの担当者を変更し、古橋が柴田に金メダルを授与するようにした。

「田口キック」を改良してつかんだ、世界新の金メダル
# 田口信教
たぐちのぶたか

　独自の蹴り「田口キック」を武器に記録をのばし、オリンピックに3大会連続で出場。初出場の1968年メキシコシティー大会では足の動きが平泳ぎとは異なるドルフィンキックだとされ、泳法違反で失格。奮起して練習をかさねた。4年後のミュンヘン大会では100m平泳ぎで、「新・田口キック」により準決勝、決勝と続けて世界新記録で優勝。日本水泳界に1956年メルボルン大会の古川勝以来となる16年ぶりの金メダルをもたらした。

競泳

## メキシコシティー大会は失格

子どものころから水泳が得意だった田口は、ため池で鯉を追いかけ泳いでいた。中学生になり、地元愛媛県から瀬戸内海の対岸、広島県三原市へ水泳留学すると、泳ぐたびに中学新記録を出す。高校1年時には、100m平泳ぎで日本新記録をマーク。1968年、高校2年生（17歳）でメキシコシティーオリンピック日本代表に選ばれた。

100m平泳ぎの予選をトップで通過し、準決勝では世界記録を上回る1分7秒1でゴール。だが平泳ぎの泳法違反とみなされ、失格となる。「田口キック」とよばれた足の動きが、足の甲で水を蹴るドルフィンキックと判定されたためだった。優勝した選手のタイムは、準決勝の田口の記録より遅かった。4×100mメドレーリレーでは5位に入賞したものの、納得いかないと奮起した田口は、猛練習を積んだ。

## 新しいキックと速いスタートで表彰台

大学に進学し、水面から足を出さない「新・田口キック」と、フライングぎりぎりのロケットスタートを完成させた。1970年のアジア競技大会（タイ・バンコク）では、100m・200m平泳ぎともに優勝。1972年、大学3年生（21歳）で、ミュンヘンオリンピックをむかえた。

100m平泳ぎの準決勝では1分5秒13の世界新記録を出し、トップで決勝へ。予選と準決勝では先行逃げきりだったが、決勝では前半おさえ気味にレースを進める。50mを7位でターンすると、作戦どおり後半はピッチを上げて1分4秒94の世界新記録でゴール。日本の競泳選手としては、1956年メルボルンオリンピックの古川勝（200m平泳ぎ）以来、16年ぶりとなる金メダルだった。さらに、200m平泳ぎでは銅メダルを獲得した。

1976年モントリオールオリンピックの100m平泳ぎには息つぎを変えていどみ、予選ではみずからの日本記録を更新する泳ぎを見せた。だが準決勝で思うような泳ぎができず、決勝に進めなかった。

モントリオール大会を終えると、25歳の若さで現役引退を表明。鹿児島県の鹿屋体育大学で35年間の教員生活を送った。

### 田口信教

| | |
|---|---|
| 1951 | 愛媛県に生まれる |
| 1968 | メキシコシティーオリンピック 失格（泳法違反） |
| 1972 | ミュンヘンオリンピック 100m平泳ぎ金メダル、200m平泳ぎ銅メダル |
| 1973 | 世界水泳選手権 100m・200m平泳ぎ銅メダル |
| 1975 | 世界水泳選手権 100m平泳ぎ銀メダル |
| 1976 | モントリオールオリンピック 100m平泳ぎ12位（準決勝敗退） |

ミュンヘンオリンピック男子100m平泳ぎ。

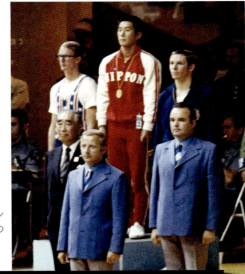

ミュンヘンオリンピック、表彰台の中央に立つ田口。

### 田口キック

独特の泳法「田口キック」は、足首を水面から出して蹴りおろすため、ドルフィンキックに見られてしまった。失格のくやしさをバネに、足首を水面ギリギリまでしずめてキックに水しぶきが上がらないよう、改良をかさねた。この「新・田口キック」はミュンヘンでの金メダルにつながり、さらには現在の平泳ぎの主流となっている。

 **オリンピックの平泳ぎ**：1896年第1回アテネオリンピックの水泳・自由形は、平泳ぎだった。その後、1900年パリ大会で平泳ぎが種目に追加され、1904年セントルイス大会で平泳ぎは独立した種目となった。平泳ぎが独立した理由は、1900年以降自由形をクロールで泳ぐ選手がふえたため。

スタートから潜りつづけるバサロ泳法で金メダル！
# 鈴木大地

1988年ソウルオリンピック、競泳男子100m背泳ぎの金メダリスト。スタートから長い距離を潜行して進むバサロ泳法を得意とし、「黄金の足」といわれて注目を集めた。この日本競泳界にとって1972年のミュンヘン大会以来16年ぶりとなる金メダルは、その後の日本競泳を復活させる大きなきっかけとなった。鈴木は初代スポーツ庁長官をつとめ、アスリートへの支援強化をはじめ幅広い政策にとりくんだ。

# 競泳

## 鈴木大地

| | |
|---|---|
| 1967 | 千葉県に生まれる |
| 1984 | ロサンゼルスオリンピック 100m背泳ぎ11位、200m背泳ぎの順位決定戦で日本高校記録で16位 |
| 1986 | アジア競技大会 100m背泳ぎ優勝、4×100mメドレーリレー優勝 |
| 1987 | ユニバーシアード 100m・200m背泳ぎ優勝 |
| 1988 | ソウルオリンピック 100m背泳ぎ金メダル |
| 2015 | 初代スポーツ庁長官に就任 |

## ソウルオリンピック、予選は3位通過

1984年、高校3年生（17歳）で、ロサンゼルスオリンピックに出場。200m背泳ぎの順位決定戦で日本高校記録を出して16位、100m背泳ぎでは11位となった。4×100mメドレーリレーは決勝に進み、第1泳者をつとめたが、日本は引継違反で失格となる。順天堂大学に進学すると、ソウルオリンピックの頂点をねらって練習にはげんだ。

ロサンゼルス大会から2年後の1986年、ソウル・アジア競技大会（韓国）では100m背泳ぎ、4×100mメドレーリレーで金メダルを獲得。鈴木の武器は、スタートから潜行したままドルフィンキックで進む潜水泳法「バサロ」だ。

むかえた1988年ソウルオリンピック、男子100m背泳ぎで世界記録をマークしたアメリカのデビッド・バーコフに1秒以上のタイム差をつけられ3位で予選通過した。

ソウルオリンピック、鈴木のスタート。

鈴木の武器、バサロ。

## 決勝では30m潜りつづける

鈴木は、決勝では潜水の距離を延長する決断をした。21回だったキックを25回以上にふやし、25mの潜水をさらにのばすという賭けに出たのだ。フィンを着用して50mの潜水練習をくりかえしてきたから距離については抵抗がない。あとは実戦でどれくらい距離をのばすか、キックを何回にするかだ。コーチは25回を提案した。だが鈴木は27回に挑戦したいといった。予選でのバーコフとの差を考えれば、それくらいやらないと勝てない。

決勝がはじまった。スタートした鈴木はそのままバサロで50mプールの半分以上潜水する。浮きあがって水面に顔を出した時点でバーコフに次いで2位。しかし、その差は予選よりはるかに近い。作戦成功、バーコフの体半分にせまることができた。折りかえした鈴木は懸命に差をつめ、バーコフに並んだ。最後は「指が折れてもいい」と左手をつきだす。55秒05でタッチ。0秒13差で勝利した。

### 潜水泳法

文字どおり、水に潜ったままで水中を進む泳ぎ方。両腕を頭の上にのばし、ドルフィンキックで進む。水の抵抗がへるため、速くなる。背泳ぎでの潜水泳法のことを、開発したアメリカの選手の名前にちなんで「バサロ泳法」とよぶ。ルール改正があり、現在では潜行距離はスタートとターンそれぞれ15mまでに制限されている。2024年パリオリンピックでは、男子200m背泳ぎに出場したルーク・グリーンバンク（イギリス）が15m以上潜水してしまい、失格になっている。

**スポーツ庁**：スポーツ行政全般をおこなう、国の行政機関。2015年10月に、文部科学省に設置された。鈴木大地から引きついだ2代目のスポーツ庁長官は、陸上男子ハンマー投げオリンピック金メダリストの室伏広治。

## バルセロナ大会で輝いた、最年少14歳の金メダリスト
# 岩崎恭子

14歳で出場したバルセロナオリンピックで、女子200m平泳ぎの金メダルを獲得。大会前の世界ランクは14位、国内の選考会も2位通過で、メダル候補にあがることなどない無名の選手だった。しかし、本番でおどろくような成長を見せ、オリンピック記録をぬりかえるタイムで、競泳の世界最年少オリンピック金メダリストとなった。

競泳

## 日本選手権4位から飛躍して金メダル

3歳上の姉を追いかけるように、5歳から水泳を習いはじめる。小学6年生のときに100m平泳ぎで短水路学童日本記録を樹立。中学1年で出場した全国中学校水泳競技大会で100m・200m平泳ぎの二冠を達成した。同じ年の日本選手権では200m平泳ぎで4位に食いこむなど、めきめき成長していく。中学2年になった1992年、バルセロナオリンピックの選考会を兼ねた日本選手権では、残り1枠を姉と争うこととなり、出場権を獲得したのは、100m・200m平泳ぎ両種目で2位に入った妹の恭子だった。

バルセロナ大会のプール会場は屋外にあった。見上げると真夏の青い空がひろがり、岩崎は50mの距離が短く感じられたという。200m平泳ぎでは、予選で一気に日本記録を更新し、世界記録保持者・アメリカのアニタ・ノールに次ぐ全体2位で決勝に進出した。決勝のレースではゴール寸前でノールを逆転し、2分26秒65（当時のオリンピック新記録）で金メダルを獲得。たった1日で自己ベストを4秒43も短縮した。

### 岩崎恭子

| | |
|---|---|
| 1978 | 静岡県に生まれる |
| 1988 | JOCジュニアオリンピック初出場 |
| 1991 | 全国中学校水泳競技大会 100m・200m平泳ぎ優勝<br>日本選手権 200m平泳ぎ4位 |
| 1992 | 日本選手権 100m平泳ぎ2位、200m平泳ぎ2位<br>バルセロナオリンピック 200m平泳ぎ金メダル |
| 1996 | アトランタオリンピック 200m平泳ぎ10位 |

バルセロナオリンピック女子200m平泳ぎ決勝。

14歳と6日、競泳の世界最年少金メダリスト。

## 「いちばん幸せです」

「今、どんな気持ちがしますか？」——金メダルを獲得した直後、インタビューで問われると、素直な言葉が口をついた。「今まで生きてきたなかで、いちばん幸せです」。このひと言は、多くの人びとの印象に強く残ることとなった。

だが、日本全国から注目され、泳ぎに集中できる状況ではなくなってしまう。姉が競泳をやめたのも自分とくらべられたせいではないかと悩んだことや、いやがらせ電話などでモチベーションが低下したが、高校1年の夏、アメリカに遠征した際、もう一回水泳に向きあおうと決意した。1996年アトランタオリンピックでは、200m平泳ぎで10位、100m平泳ぎは予選落ちに終わったが、水泳に対する向上心をとりもどしての納得の結果だった。

### 前日本記録保持者・長崎宏子

12歳で日本一になると、日本選手権の200m平泳ぎで8連覇、100m平泳ぎでも7連覇を達成した。1984年ロサンゼルスオリンピックの前年に、オリンピックと同じプールでおこなわれた大会で200m平泳ぎを2分29秒91（日本記録）で優勝。金メダル候補といわれたが、オリンピック本番では200m平泳ぎで4位とメダルにとどかなかった。だが、バルセロナ大会で岩崎にやぶられるまでの9年間、200m平泳ぎの日本記録保持者だった。

**日本最年少のオリンピック金メダリスト**：2021年の東京オリンピックスケートボード女子ストリートで金メダルを獲得した西矢椛（13歳330日）が日本選手最年少のオリンピック金メダリスト。岩崎の「14歳6日」は、現在も競泳では世界最年少の金メダル獲得記録だ。

オリンピック2大会連続で、平泳ぎ金メダル2個

# 北島康介

オリンピックに4大会連続で出場。2004年アテネ大会、2008年北京大会では、競泳男子平泳ぎ100mと200mでそれぞれ金メダルに輝き、2種目2連覇を達成した。4回目の2012年ロンドン大会ではほかのメンバーとともに全力でがんばり、4×100mメドレーリレーで銀メダルを獲得。日本のエースとして2000年以降の日本の競泳を先頭に立って引っぱり、ふたたび強い日本の時代をつくった。

競泳

## 「チョー気持ちいい！」2つの金メダル

中学2年生のときに平井伯昌コーチ（→55ページ）に才能を見いだされる。平井コーチは、北島の「何物もおそれない光のある眼」を見て、必ずトップまでいくと確信したという。

2000年、高校3年生でシドニーオリンピックに出場し、男子100m平泳ぎで4位に入賞。2002年のアジア競技大会では200m平泳ぎを世界新記録で優勝し、世界のトップとなる。世界の一流選手たちと世界記録更新の戦いを続け、2004年アテネオリンピックでは100m平泳ぎ、200m平泳ぎの両方で金メダルを獲得し、二冠を達成。レース後には、よろこびを素直に「チョー気持ちいい！」と表現。この言葉は、流行語にもなった。

北島のスピードの秘密は、キックの強さとキックの返しの速さにある。また、体がしずみこまず、上半身、下半身とも高い位置をキープすることで、水の抵抗を低くおさえているのが特徴だ。

## 北京大会、ふたたび2つの金メダル

続けて2008年北京オリンピックに出場。100m平泳ぎでは、ノルウェーのアレクサンドル・ダーレ・オーエンらを振りきって、人類史上初、59秒の壁をやぶる58秒91の世界新記録をたたきだした。「世界記録を出して金メダルを獲得する」という試合前の予告を有言実行した北島は、涙をこらえきれず、こみあげてくる思いで「なんも言えねぇ」とコメントした。200m平泳ぎでも金メダルを獲得し、オリンピック史上初の平泳ぎ2大会連続2種目制覇をはたした。4×100mメドレーリレーでも、前大会に続いて銅メダルを獲得した。

北島は、日本競泳史上初の4大会連続となる、2012年ロンドン大会にも出場。100m平泳ぎ5位、200m平泳ぎ4位と個人種目ではメダルにとどかなかったが、背泳ぎの入江陵介、バタフライの松田丈志、自由形の藤井拓郎とのぞんだ4×100mメドレーリレーで銀メダルを獲得した。ほかの3人のメンバーで「（北島）康介さんを手ぶらで帰らせるわけにはいかない」と話したという。

### 北島康介

| 1982 | 東京都に生まれる |
| --- | --- |
| 2000 | シドニーオリンピック 100m平泳ぎ4位 |
| 2001 | 日本選手権 50m・100m・200m平泳ぎ三冠を達成 |
| 2002 | アジア競技大会 200m平泳ぎ優勝（世界新記録） |
| 2003 | 世界水泳選手権 100m・200m平泳ぎ優勝 |
| 2004 | アテネオリンピック 100m・200m平泳ぎ金メダル |
| 2008 | 北京オリンピック 100m・200m平泳ぎ金メダル |
| 2012 | ロンドンオリンピック 4×100mメドレーリレー 銀メダル |

アテネオリンピックで金メダルを2つ獲得。

北京オリンピックでも二冠。

### 世界記録を連発した「高速水着」

0.01秒を競う競泳では、水の抵抗をおさえる水着も重要だ。2007年、イギリスに本社をおくSPEEDO社が、パネルのようなナイロン素材を超音波でつなぎあわせた、縫い目のない水着を開発した。この「レーザー・レーサー」を着た選手たちは世界記録を連発したが、水着ではなく選手が主役であることに目を向けるため、約3年後に「高速水着」は禁止となった。

 **蛙王**：平泳ぎは英語で、ブレストストローク。ブレスト（胸）の前でストローク（手のかき）をする意味だが、足のフォームから「蛙」にもたとえられる。北島は中国では「蛙王（カエルの王様）」のニックネームでよばれる。

# 日本選手初の競泳個人メドレー金メダリスト
## 萩野公介（はぎのこうすけ）

少年時代から「天才スイマー」とよばれた。北島康介から日本競泳界のエースを引きつぎ、2012年ロンドンオリンピックで400m個人メドレーの銅メダルを獲得。2016年リオデジャネイロ大会では、この種目で日本選手初となる金メダルに輝いた。この大会では、200m個人メドレーで銀メダル、4×200mフリーリレーで銅メダルを獲得し、3色のメダリストとなった。

競泳

ロンドンオリンピック400m個人メドレー決勝。

## 萩野公介

| | |
|---|---|
| 1994 | 栃木県に生まれる |
| 2010 | パンパシフィック水泳選手権日本代表に選出 |
| 2012 | 日本選手権 400m個人メドレーを日本新記録で優勝<br>ロンドンオリンピック 400m個人メドレー銅メダル |
| 2014 | アジア競技大会で金4個・銀1個・銅2個のメダルを獲得し、大会MVPに輝く |
| 2016 | リオデジャネイロオリンピック 400m個人メドレー金メダル、200m個人メドレー銀メダル |
| 2021 | 東京オリンピック 200m個人メドレー6位 |

## オールラウンダーにして天才スイマー

　小学校1年のときに入ったスイミングスクールの入校条件が「4泳法（自由形・平泳ぎ・バタフライ・背泳ぎ）を泳げること」だったため、バタフライをがんばって練習したという萩野。そのまま4泳法のできるオールラウンダーとしてそだつ。スイミングスクールで本格的に競泳選手コースへ進むと、小学校低学年から学童新を更新。中学以降も各年代の新記録を樹立し、「天才スイマー」として注目を集めた。

　2012年のロンドンオリンピックには17歳で出場した。400m個人メドレーの予選を全体1位のタイムで決勝に進出すると、決勝では「水の怪物」とよばれたアメリカのマイケル・フェルプスに競りかち、3位に入って銅メダルを獲得した。200m個人メドレーでは5位入賞をはたした。

### 個人メドレーとメドレーリレー

　メドレーリレーは、4人の選手が同じ距離ずつ「背泳ぎ→平泳ぎ→バタフライ→自由形」の順にリレー形式でつなぐ。一方の個人メドレーは、1人の選手が「バタフライ→背泳ぎ→平泳ぎ→自由形」の順番で泳ぐ。個人メドレーは技術的にも体力的にもきびしい種目なので、勝者は「キング・オブ・スイマー（競泳の王者）」とたたえられる。メドレーリレーが背泳ぎからスタートするのは、背泳ぎだけ引きつぎができない水の中からのスタートだからである。

リオデジャネイロオリンピック400m個人メドレーでは瀬戸とともに表彰される。

## リオデジャネイロ大会で3色のメダル

　2013年、東洋大学へ進学し、平井伯昌コーチ（→55ページ）の指導を受ける。同年4月の日本選手権では、400m個人メドレー、200m個人メドレー、400m自由形、200m自由形、100m背泳ぎで五冠を達成した。

　2015年7月、合宿先のフランスで右ひじを骨折するも秋には復帰し、翌年のリオデジャネイロオリンピックに出場。世界ランクシーズン1位でのぞんだ400m個人メドレーで、アメリカのチェース・ケイリッシュに体半分リードしてフィニッシュ。4分6秒05で金メダルを獲得した。このレースでは、幼いころからのライバルで同い年の友・瀬戸大也が銅メダルを獲得。競泳での日本人ダブル表彰台は60年ぶりの快挙となった。さらに200m個人メドレーでは銀メダル、4×200mフリーリレーでは松田丈志、江原騎士、小堀勇氣とともに銅メダルを獲得した。

 自由形：「自由形」の種目は、名前のとおりどんな泳ぎ方をしてもよい。実際には、もっとも速い「クロール」を選ぶ選手がほとんどだ。ただし、メドレーリレーの自由形は、背泳ぎ、平泳ぎ、バタフライ以外の泳法で泳がなくてはいけないというルールになっている。

二冠に輝くクイーン・オブ・スイマー

# 大橋悠依

2021年におこなわれた東京オリンピック、まず競泳女子400m個人メドレーで金メダルを獲得。さらに3日後、200m個人メドレーでも金メダルに輝く。2種目を制し、競泳日本女子初となるオリンピック同一大会二冠を達成した。けがや不調に苦しみ、リオデジャネイロ大会には落選。遅咲きだったが、東京オリンピックの大舞台でみごとに才能を開花させた。低迷期に入る日本競泳界で大きな存在感をしめした選手だ。

競泳

東京オリンピック400m個人メドレー決勝。

### 大橋悠依

| | |
|---|---|
| 1995 | 滋賀県に生まれる |
| 2010 | ジュニアオリンピック 200m個人メドレー優勝 |
| 2017 | 日本選手権 400m個人メドレー優勝（日本新記録） |
| | 世界水泳選手権 200m個人メドレー2位（日本新記録） |
| 2019 | 世界水泳選手権 400m個人メドレー3位 |
| 2021 | 東京オリンピック 400m・200m個人メドレー 金メダル |

## 大きなストロークと力強いキック

　中学3年生の2010年、ジュニアオリンピック200m個人メドレーで優勝した。強さの秘密はバイクトレーニングによるキック力強化。バイクトレーニングで太ももの内側の筋肉を強化したことで、それまで苦手としてきた平泳ぎのキックが強くなり、スピードが上がった。大きなストロークが特徴。水中姿勢がまっすぐで、水しぶきをほとんど立てず、なめらかに進む。

　2014年、東洋大学へ進学し、平井伯昌コーチの指導を受ける。「めっちゃ泳ぎが大きいやつがいるな」というのが平井コーチがいだいた第一印象だったという。

　2017年日本選手権400m個人メドレーで、日本新記録で優勝。同年におこなわれた世界水泳選手権（ハンガリー・ブダペスト）の200m個人メドレーでは、決勝レースで自己ベストを2秒以上更新して銀メダルを獲得した。

## 「2個目もいける」と強い自信

　大橋は2021年の東京オリンピックの代表に選ばれた。けがや体調不良に苦しむ時期があって25歳でのぞむオリンピックは遅いデビューだった。400m個人メドレー決勝は強豪ぞろい。大橋は175cm近い長身をいかし、得意のバタフライで飛びだす。背泳ぎでトップに立つと、首位をキープしたまま4分32秒08でフィニッシュ。金メダルを獲得した。

　次は3日後、200m個人メドレーの決勝だ。400mより200mを得意とする大橋には、「2個目もいける！」と自信があった。ゴール前では、横一線に並ぶ大接戦。大橋は、最後の15mを息つぎなしで泳ぎきり、アメリカのアレックス・ウォルシュをとらえて逆転。0秒13差というタッチの差で上回り、優勝。二冠を達成した。夏季オリンピックのひとつの大会で、日本の女子選手が2つの金メダルを獲得したのは史上初だった。4泳法で競うため「クイーン・オブ・スイマー」とよばれる個人メドレーで大橋は「二冠のクイーン」となった。

### 平井伯昌コーチ

東洋大学水泳部の監督で、競泳日本代表のヘッドコーチもつとめた指導者。北島康介、萩野公介、大橋を金メダルに導くなど、多くのメダリストたちをそだてあげた名コーチだ。一人ひとりの成長を見守り、メンタル面も支える指導で、選手からの信頼も厚い。大橋はレース後の記者会見で、「いちばん感謝しているのは平井先生」と語った。

東京オリンピック女子200m個人メドレーに優勝し二冠達成。

**桐生祥秀と同郷**：大橋は陸上競技の桐生祥秀と同じ滋賀県彦根市出身。高校はちがったが、当時、滋賀県スポーツ協会の表彰式で顔をあわせたことがあった。東洋大学で同級生になり、同じ授業を受けるようになる。桐生はその大橋の金メダルを心から祝福した。

長いリーチを生かした泳ぎで17種目(しゅもく)の日本記録(きろく)

# 池江璃花子
（いけえりかこ）

専門(せんもん)はバタフライと自由形。高校時代に次つぎと日本記録をぬりかえ、2024年現在(げんざい)でも、個人種目(こじんしゅもく)で11個(こ)（長水路(ちょうすいろ)5個・短水路6個）、リレー種目(しゅもく)で6個、計17種目の日本記録をもつ。高校1年でリオデジャネイロオリンピックに出場。その後、大きな病気を乗りこえて東京(とうきょう)オリンピックで力強く泳ぐ姿(すがた)は、多くの人びとに感動と勇気(ゆうき)をあたえた。パワー系(けい)の女子種目(しゅもく)で世界とわたりあえる貴重(きちょう)な日本選手(せんしゅ)だ。

競泳

リオデジャネイロオリンピック、7種目に出場した。

## 日本国内で圧倒的な強さ

　5歳のときにはもう、競泳4泳法すべてで50mを泳げるようになった。中学3年で出場した日本選手権では、50mバタフライを制して中学生日本チャンピオンとなる。2016年、高校に進学してすぐの日本選手権で、リオデジャネイロオリンピックの代表権を獲得。日本選手最多となる7種目に選出された。高校1年でオリンピック初出場をはたした池江は、もっとも得意な100mバタフライで5位に入賞した。

　翌2017年の日本選手権では、エントリーした5種目すべてで優勝をはたし、五冠を達成。さらに2018年のアジア競技大会では、六冠を達成。MVPに輝いた。

## 病気を乗りこえて東京オリンピックへ

　2019年2月、体調不良のため合宿先のオーストラリアから帰国すると、「白血病」と診断される。血液のがんとよばれる危険な病気で、入院して治療に専念することになった。世界中からの多くの応援メッセージにもはげまされて12月に退院。トレーニングをかさねて、2020年8月、実戦に復帰した。4×100mリレーの派遣標準記録をクリアし、リレー種目での東京オリンピック代表権を獲得。「自分がすごくつらくてしんどくても、努力は必ずむくわれるんだな」と、涙を浮かべながら言葉をふりしぼった。東京オリンピックではリレー3種目に出場。4×100mメドレーリレーでは8位に入賞した。

　2024年のパリオリンピックでは、100mバタフライは決勝に進めず全体の12位、混合4×100mメ

### 池江璃花子

|  | |
|---|---|
| 2000 | 東京都に生まれる |
| 2015 | 日本選手権 50mバタフライを制し、中学生で日本チャンピオンに |
| 2016 | リオデジャネイロオリンピック 7種目に出場（100mバタフライ、自由形〔50m・100m・200m〕、フリーリレー〔4×100m・4×200m〕、4×100mメドレーリレー）。100mバタフライ5位 |
| 2017 | 日本選手権で五冠を達成（自由形〔50m・100m・200m〕、バタフライ〔50m・100m〕） |
| 2018 | アジア競技大会で六冠を達成（自由形〔50m・100m〕、バタフライ〔50m・100m〕、4×100mフリーリレー、4×100mメドレーリレー）。MVPに選ばれる |
| 2021 | 東京オリンピック 4×100mメドレーリレー8位 |
| 2024 | パリオリンピック 100mバタフライ12位、4×100mメドレーリレー5位 |

パリオリンピック女子4×100mメドレーリレー決勝、池江は自由形でアンカーをつとめた。

ドレーリレーは8位入賞。アンカーをつとめた女子4×100mメドレーリレーでは、し烈な5位争いを制した。

### ウィングスパン

　「ウィングスパン」とは、両腕を横にひろげた長さ。いわゆるリーチのことで、一般的に身長とほぼ同じだ。池江は171cmの身長に対して、リーチはなんと186cmもある。この長いリーチを生かした大きなストロークで、より遠くの水をつかんでおしきれる。回転数も少なく、「池江が腕を2回転させているあいだに、まわりの選手は3回転させている」ともいわれる。

 **長水路と短水路**：競泳がおこなわれるプールには、長水路（全長50m）と、短水路（全長25m）の2種類がある。短水路ではターンの回数が多くなるぶん、壁を蹴ることで加速力が得られるため、長水路より速いタイムが出る。オリンピックのプールは長水路。

# まだまだいる！歴史をつくった選手たち

## 山中 毅
自由形

**3度のオリンピックで計4個の銀メダル**

1956年、高校3年生のときに出場したメルボルンオリンピック、400m・1500m自由形の2種目で、銀メダルを獲得。1959年には、200m・400m自由形で世界新記録を出した。翌1960年のローマオリンピックでは、400m自由形と4×200mフリーリレーで銀メダルを獲得した。1964年東京大会は400m自由形で6位に入り、3度のオリンピックで計4個の銀メダルを含め、すべて入賞をはたしている。

●おもな実績
1956年 メルボルンオリンピック 400m・1500m自由形銀メダル
1960年 ローマオリンピック 400m自由形、
　　　　4×200mフリーリレー銀メダル
1964年 東京オリンピック 400m自由形6位

## 青木まゆみ
バタフライ

**世界新記録でオリンピック金メダル**

1972年に高校を卒業し、同年に出場したミュンヘンオリンピック100mバタフライで、1分3秒34の世界新記録をたたきだして優勝。個人種目としては、前畑秀子（1936年ベルリンオリンピック200m平泳ぎ）以来、36年ぶりの日本人女子金メダリストとなった。翌1973年の第1回世界水泳選手権では、100mバタフライで3位となった。大学卒業後は、体育科の高校教師となった。

●おもな実績
1972年 ミュンヘンオリンピック 100mバタフライ金メダル
1973年 世界水泳選手権 100mバタフライ3位

## 柴田亜衣
自由形（中長距離）

**日本の女子選手が自由形で初の金メダル**

2004年、大学4年生のときにアテネオリンピックに出場。400m自由形では、自己ベストを更新して5位に入賞した。800m自由形では、優勝候補といわれていたフランスのロール・マノドゥをやぶり、金メダルを獲得。日本の女子自由形で初の金メダリストとなった。2007年の世界水泳選手権では、400m・1500m自由形で、日本新記録で3位。2008年北京オリンピックに出場した後、引退した。

●おもな実績
2004年 アテネオリンピック 800m自由形金メダル
2007年 世界水泳選手権 400m・1500m自由形3位

## 松田丈志
バタフライ、自由形

**ビニールハウス生まれのヒーロー**

ビニールの屋根をつけた屋外プールで練習し、ビニールハウス生まれのヒーローと称された。2004年アテネ大会からオリンピック4大会連続出場。北京オリンピックでは200mバタフライで日本記録・アジア記録を大幅に更新し銅メダル。ロンドンオリンピックでは200mバタフライで2大会連続の銅メダル、4×100mメドレーリレーで銀メダルを獲得した。リオデジャネイロオリンピックでは4×200mフリーリレーで、銅メダリストとなった。

●おもな実績
2008年 北京オリンピック 200mバタフライ銅メダル
2010年 アジア競技大会 200mバタフライ優勝
2012年 ロンドンオリンピック 4×100mメドレーリレー
　　　　銀メダル、200mバタフライ銅メダル
2016年 リオデジャネイロオリンピック
　　　　4×200mフリーリレー銅メダル

# 競泳

## 寺川綾（背泳ぎ）
### ロンドンオリンピック 2種目で銅メダル

大学2年で出場した2004年アテネオリンピックでは、200m背泳ぎで8位に入賞。2011年の世界水泳では、50m背泳ぎで2位に入る。2012年ロンドンオリンピックでは、100m背泳ぎで日本記録・アジア記録の銅メダル。2度目のオリンピック出場で、初のメダル獲得となった。4×100mメドレーリレーでも、日本新記録の銅メダル。2013年の世界水泳では、50m・100m背泳ぎで3位に入った。引退後はスポーツキャスターとして活躍。

●おもな実績
**2011**年 世界水泳選手権 50m背泳ぎ2位
**2012**年 ロンドンオリンピック 100m背泳ぎ銅メダル
**2013**年 世界水泳選手権 50m・100m背泳ぎ3位

## 金藤理絵（平泳ぎ）
### 初めてのメダルがオリンピックの金

2008年に大学2年で出場した北京オリンピックでは、200m平泳ぎで7位に入賞。翌年から世界水泳で4大会連続入賞をはたすものの、世界レベルの大会ではメダルにとどかないくやしさをかかえながら競技を続け、2大会ぶりにオリンピック代表の座をつかむ。2016年リオデジャネイロオリンピック200m平泳ぎは、プランどおりのレース展開となり、圧勝。初めてつかんだ世界大会のメダルは、金色に輝いていた。

●おもな実績
**2008**年 北京オリンピック 200m平泳ぎ7位
**2016**年 リオデジャネイロオリンピック 200m平泳ぎ金メダル

## 入江陵介（背泳ぎ）
### 長年にわたって日本水泳界をリード

おでこにペットボトルをのせたまま泳げるほどバランスのよいフォームで知られる、背泳ぎのスペシャリスト。2008年北京オリンピックで、200m背泳ぎ5位入賞。2011年の世界水泳は、200m背泳ぎで2位、100m背泳ぎで3位。2012年ロンドンオリンピックでは、200m背泳ぎと4×100mメドレーリレーで銀メダル、100m背泳ぎで銅メダルを獲得。続けてリオデジャネイロ大会、東京大会にも出場し、日本水泳界をリードしてきた。

●おもな実績
**2011**年 世界水泳選手権 200m背泳ぎ2位、100m背泳ぎ3位
**2012**年 ロンドンオリンピック 200m背泳ぎ銀メダル、100m背泳ぎ銅メダル
**2016**年 リオデジャネイロオリンピック出場
**2021**年 東京オリンピック出場

## 瀬戸大也（個人メドレー・バタフライ）
### 個人メドレーで活躍したトップスイマー

2013年・2015年の世界水泳400m個人メドレーで優勝し、連覇を達成した。2016年リオデジャネイロオリンピックでは400m個人メドレーで銅メダルを獲得し、少年時代からのライバル・萩野公介（金メダル）とともに表彰台にあがった。2019年世界水泳選手権では、200m個人メドレーで同種目日本人初の優勝。400m個人メドレーでも優勝し、200mバタフライでは自己ベストを更新して2位に入っている。

●おもな実績
**2013**年 世界水泳選手権 400m個人メドレー優勝
**2016**年 リオデジャネイロオリンピック 400m個人メドレー銅メダル
**2019**年 世界水泳選手権 200m・400m個人メドレー優勝
**2021**年 東京オリンピック出場

# 競泳の歴史をつくった海外の選手たち

### デューク・カハナモク／アメリカ
■1890年生まれ～1968年没　■自由形

**ハワイ生まれの伝説的なアスリート**

ハワイのオアフ島に生まれる。1911年、ホノルル港での競技会で、自由形100ヤード（約91m）の世界記録を約5秒も縮めるタイムをたたきだした。翌年のストックホルムオリンピックでは100m自由形で金メダル、4×200mフリーリレーでも銀メダルを獲得。1920年アントワープ大会では100m自由形の連覇をはたし、リレーでも金メダルに輝いた。またサーフィンの普及に大きく貢献し、「近代サーフィンの父」ともよばれる。

**おもな実績**

1912年　ストックホルムオリンピック 100m自由形金メダル、4×200mフリーリレー銀メダル
1920年　アントワープオリンピック 100m自由形、4×200mフリーリレー金メダル
1924年　パリオリンピック 100m自由形銀メダル

### ジョニー・ワイズミュラー／アメリカ
■1904年生まれ～1984年没　■自由形

**水泳界と映画界のスーパースター**

1924年パリオリンピックでは、100mと400mの自由形、さらに4×200mフリーリレーで金メダルに輝いた。そのうえ水球にも出場し、銅メダルを獲得。1928年アムステルダムオリンピックでは100m自由形とリレーで優勝し、ともに連覇を達成した。100m自由形で1分を切った最初の選手で、樹立した世界記録は67。オリンピック2大会で5つの金メダルを獲得したスーパースターは、12本の映画でターザン役を演じスターになった。

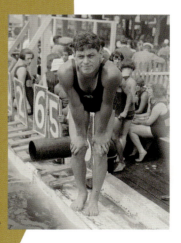

**おもな実績**

1924年　パリオリンピック 100m・400m自由形など金メダル3個、水球銅メダル
1928年　アムステルダムオリンピック 100m自由形、4×200mフリーリレー金メダル

### ドーン・フレーザー／オーストラリア
■1937年生まれ～　■自由形

**史上最高の女子スプリントスイマー**

オリンピックでは、1956年メルボルン、1960年ローマ、1964年東京の3大会連続で、100m自由形の金メダルを獲得。競泳の同一種目での3連覇は史上初の快挙で、史上最高の女子スプリントスイマーといわれた。メルボルン大会では4×100mフリーリレーでも金メダルに輝くなど、3大会で金メダル4個、銀メダル4個のオリンピックメダルを獲得。1962年には100m自由形で59秒9を記録し、1分の壁をやぶった最初の女子選手となった。

**おもな実績**

1956年　メルボルンオリンピック 100m自由形、4×100mフリーリレー金メダル、400m自由形銀メダル
1960年　ローマオリンピック 100m自由形金メダル、4×100mフリーリレーなど銀メダル2個
1964年　東京オリンピック 100m自由形金メダル、4×100mフリーリレー銀メダル

## マーク・スピッツ／アメリカ

■1950年生まれ～　■自由形・バタフライ

### 7種目の金メダルすべてが世界新記録

1968年メキシコシティーオリンピックでは、4×100mと4×200mフリーリレーで金メダルを獲得したが、個人種目での優勝はかなわなかった。リベンジに燃えてむかえた1972年ミュンヘン大会で、当時史上最多となる1大会7個の金メダルを獲得。しかも、すべての種目（100m・200m自由形、100m・200mバタフライ、4×100m・4×200mフリーリレー、4×100mメドレーリレー）で、当時の世界新記録をマークするという偉業をなしとげたスーパースター。

**おもな実績**
- **1968年** メキシコシティーオリンピック 4×100mフリーリレーなど金メダル2個、銀メダル、銅メダル
- **1972年** ミュンヘンオリンピック 100m自由形など金メダル7個

## ジャネット・エバンス／アメリカ

■1971年生まれ～　■自由形

### スタミナで泳ぎきる女子長距離のスター

1987年、わずか15歳で400m、800m、1500m自由形の世界記録を更新し、世界に衝撃をあたえた。翌年のソウルオリンピックでは、期待どおり400mと800m自由形で優勝し、400m個人メドレーでも金メダルを獲得して三冠を達成した。腕をまっすぐにして風車のようにぐるぐる回す泳ぎかたが特徴で、後半でもペースが落ちないスタミナをもっていた。1992年バルセロナオリンピックでは、400m自由形は惜しくも2位となったが、800m自由形では連覇をはたした。

**おもな実績**
- **1988年** ソウルオリンピック 400m自由形など金メダル3個
- **1992年** バルセロナオリンピック 800m自由形金メダル、400m自由形銀メダル

## イアン・ソープ／オーストラリア

■1982年生まれ～　■自由形

### オリンピックで5個、世界選手権で11個の金

1998年に15歳で世界水泳選手権400m自由形で優勝。自国開催の2000年シドニーオリンピックでは、400m自由形とリレー2種目で計3個の金メダルを獲得。2001年の世界選手権では、200m・400m・800m自由形を世界新記録で優勝し、リレー3種目も優勝。1つの世界選手権で6種目で優勝した。身長196cm、足のサイズ35cmという迫力ある体格。金メダルの総数は、オリンピック5個、世界選手権11個におよぶ。

**おもな実績**
- **2000年** シドニーオリンピック 400m自由形など金メダル3個、200m自由形など銀メダル2個
- **2001年** 世界水泳選手権 200m自由形など優勝6つ
- **2004年** アテネオリンピック 200m・400m自由形金メダル、4×200mフリーリレー銀メダル、100m自由形銅メダル

## マイケル・フェルプス／アメリカ

■1985年生まれ～　■バタフライ、自由形、個人メドレー

### 世界の頂点にのぼりつめた「水の怪物」

オリンピックには2000年シドニー大会から5大会連続で出場。なかでも北京大会では圧倒的な強さを発揮し、出場した8種目（200m自由形、100m・200mバタフライ、200m・400m個人メドレー、リレー3種目）すべてで優勝。1つの大会で8個もの金メダルを獲得した初のオリンピック選手となった。28個のオリンピックメダルのうち、23個が金メダル。数かずの記録を打ちたてた史上最強のスイマー。「水の怪物」ともよばれた。

**おもな実績**
- **2004年** アテネオリンピック 100mバタフライなど金メダル6個、銅メダル2個
- **2008年** 北京オリンピック 200m自由形など金メダル8個
- **2012年** ロンドンオリンピック 100mバタフライなど金メダル4個、銀メダル2個
- **2016年** リオデジャネイロオリンピック 200mバタフライなど金メダル5個、100mバタフライ銀メダル

# 日本の競泳、初めてのオリンピック

日本がオリンピックの競泳に初めて参加した1920年アントワープ大会。2人の日本人選手がこの大会でクロールを学んだことが、日本の競泳が飛躍するきっかけとなった。

オリンピックの競泳は1896年第1回アテネ大会からおこなわれている。この大会の競泳は、三方を陸にかこまれたゼーア湾というおだやかな海でおこなわれた。プールはまだなかったのだ。種目は自由形しかなかった。ただ、この時代はまだクロールという泳法がなく、平泳ぎで泳いだ。当時は泳ぐときには顔を水面から上に出すものと考えられていたのである。

日本人選手が初めてオリンピックの競泳に出場したのは、1920年アントワープ大会。この大会の競泳はプールでおこなわれたが、まだコースロープがなかった。日本の代表選手は内田正練と斎藤兼吉で、2人とも100mと400mの自由形に出場した。このとき、まだ日本にはクロールが正しく伝わっていなかった。2人が泳いだのは水府流という日本の古式泳法（日本泳法）の片抜手だったといわれている。もともと速さを競う泳法ではなかったため、世界とのへだたりは大きかった。

だが、2人は現地でアメリカ・ハワイ出身の金メダリスト、デューク・カハナモク（→60ページ）と交流し、クロールを学んで帰ってきた。内田は在籍していた北海道大学や、出身地である静岡県浜松市の浜名湖を中心にクロールの普及につとめた。内田はのちの日本水泳連盟会長の田畑政治（→37ページ）の1年先輩だったことで、田畑を指導。田畑は宮崎康二、古橋廣之進らをそだてた。斎藤も大阪や新潟からクロールをひろめていった。

その結果、4年後の1924年パリ大会では、日本の選手たちはクロールで泳ぎ、リレーで4位、個人種目でも5位に入賞するなど、大きな進歩をとげた。ここから競泳ニッポンの時代がはじまった。

オリンピック出場の4年ほど前、18歳ごろの内田正練。

アントワープオリンピックの競泳プール。コースロープはない。第5レーンに立っているのは内田や斎藤にクロールを教えたカハナモク。この大会の男子100m自由形で金メダルを獲得している。

# さくいん

## 陸上

### 人名さくいん

**あ**
- 朝原宣治 …… 5、21
- 荒井広宙 …… 5
- 有森裕子 …… 4、14、15
- 飯塚翔太 …… 5、23
- 池田向希 …… 5
- イシンバエワ, エレーナ …… 31
- 市橋有里 …… 17
- 上山紘輝 …… 23
- エゴロワ, ワレンティナ …… 15
- 大江季雄 …… 28
- オーエンス, ジェシー …… 30
- 大迫 傑 …… 29
- 大島鎌吉 …… 4
- 織田幹雄 …… 4、6、7

**か**
- 金栗四三 …… 4
- 北口榛花 …… 5、26、27
- 君原健二 …… 4、12、13
- 桐生祥秀 …… 5、23、25
- ケンブリッジ飛鳥 …… 5、23
- 小出義雄 …… 15

**さ**
- 坂井隆一郎 …… 23
- ザトペック, エミール …… 30
- サニブラウン・アブデル・ハキーム …… 23、24、25
- シモン, リディア …… 17
- 末續慎吾 …… 5、21
- 瀬古利彦 …… 28
- ソープ, ジム …… 30

**た**
- 高橋尚子 …… 4、16、17
- 髙平慎士 …… 5、21
- 田島直人 …… 4、7
- 田中希実 …… 29
- 谷口浩美 …… 28
- 谷 三三五 …… 11
- 為末 大 …… 29
- 塚原直貴 …… 5、21
- 円谷幸吉 …… 4、12、13

**な**
- 中山竹通 …… 4、28
- 南部忠平 …… 4、7
- 西田修平 …… 4、28
- ヌデレバ, キャサリン …… 17
- ヌルミ, パーボ …… 30
- 野口みずき …… 4、16、17

**は・ま**
- ビキラ, アベベ …… 31
- 人見絹枝 …… 8、9
- ボルト, ウサイン …… 21、23、25、31
- 前田穂南 …… 17
- 三島弥彦 …… 4
- ミリア, アリス …… 9
- 室伏広治 …… 4、18、19
- 室伏重信 …… 19
- 森下広一 …… 4、29

**や・ら**
- 山縣亮太 …… 5、23、25
- 山西利和 …… 5
- 吉岡隆徳 …… 10、11
- ルイス, カール …… 31
- ロバ, ファツマ …… 15

### 用語さくいん

- 暁の超特急 …… 10、11
- アンダーハンドパス …… 21
- 織田ポール …… 7
- 国際女子競技大会 …… 2、9
- ストライド走法 …… 2、17
- ダイヤモンドリーグ …… 2、27
- ピッチ走法 …… 2、17
- ロケットスタート …… 2、10

## 競泳

### 人名さくいん

**あ**
- 青木まゆみ …… 33、58
- 新井茂雄 …… 38、39
- 池江璃花子 …… 56、57
- 石原田 憲 …… 37、39
- 伊藤三郎 …… 39
- 入江稔夫 …… 32、36、37
- 入江陵介 …… 59
- 岩崎恭子 …… 33、48、49
- 内田正練 …… 62
- 鵜藤俊平 …… 39
- エバンス, ジャネット …… 61
- 大橋悠依 …… 33、54、55
- 大横田 勉 …… 37

**か**
- 金藤理絵 …… 33、59
- カハナモク, デューク …… 60、62
- 河石達吾 …… 37
- 河津憲太郎 …… 32、36、37
- 北島康介 …… 33、50、51
- 北村久寿雄 …… 32、37
- 清川正二 …… 32、36、37、39
- ゲネンゲル, マルタ …… 41
- 小池禮三 …… 32、37、39

**さ**
- 斎藤兼吉 …… 62
- 柴田亜衣 …… 58
- 杉浦重雄 …… 38、39
- 鈴木大地 …… 33、46、47
- スピッツ, マーク …… 61
- 瀬戸大也 …… 53、59
- ソープ, イアン …… 61

**た**
- 高石勝男 …… 32
- 高橋善次郎 …… 37
- 田口信教 …… 33、44、45
- 田口正治 …… 38、39
- 田畑政治 …… 37、62
- 鶴田義行 …… 32、33、34、35、37
- 寺川 綾 …… 59
- 寺田 登 …… 39
- 豊田久吉 …… 37

**な・は**
- 中村真衣 …… 33
- 根上 博 …… 39
- 萩野公介 …… 33、52、53
- 橋爪四郎 …… 33、43
- 葉室鐵夫 …… 39
- 平井伯昌 …… 51、53、55
- フェルプス, マイケル …… 61
- 古川 勝 …… 33
- 古橋廣之進 …… 33、42、43
- フレーザー, ドーン …… 60

**ま**
- 前畑秀子 …… 32、37、39、40、41
- 牧野正蔵 …… 32、37、39
- 松田丈志 …… 58
- 宮崎康二 …… 37

**や・ら・わ**
- 山中 毅 …… 33、58
- 遊佐正憲 …… 37、38、39
- 横山隆志 …… 37
- ラーデマッハー, エーリッヒ …… 35、39
- ワイズミュラー, ジョニー …… 60

### 用語さくいん

- ウィングスパン …… 57
- 片抜手 …… 2、62
- 古式泳法（日本泳法） …… 2、62
- 新・田口キック …… 45
- スポーツ庁 …… 2、46、47
- 潜水泳法 …… 2、47
- 全米水上選手権 …… 33、43
- 田口キック …… 45
- バサロ …… 2、46、47
- フジヤマのトビウオ …… 43

63

監修
佐野 慎輔（さの しんすけ）
1954年、富山県生まれ。産経新聞社スポーツ記者として野球15年、オリンピック15年担当。編集局次長兼運動部長、取締役サンケイスポーツ代表、特別記者兼論説委員などを歴任し、2019年退社。2020年から尚美学園大学教授として教壇に立ち、産経新聞客員論説委員、笹川スポーツ財団理事、日本スポーツフェアネス推進機構体制審議委員などを務める。近著に『西武ライオンズ創世記』（ベースボール・マガジン社）、『嘉納治五郎』『中村裕』（小峰書店）など。近共著に『スポーツの現在地を考える』『地域スポーツ政策を問う』（ベースボール・マガジン社）、『スポーツとスポーツ政策』『オールアバウト・ベースボール』（創文企画）、『2020＋1東京大会を考える』（メディアパル）など。

## アスリートでたどる ジャパンスポーツ ❹
### 陸上・競泳

| | | | |
|---|---|---|---|
| 発　　　行 | 2025年4月　第1刷 | 編集協力 | 株式会社ジャニス |
| | | 文 | 大野益弘　宮嶋幸子 |
| 監　　　修 | 佐野慎輔 | 写　　真 | フォート・キシモト |
| | | デザイン | 門司美恵子（チャダル108） |
| 発行者／加藤裕樹 | | ＤＴＰ | 関口栄子（Studio Porto） |
| 編　集／堀 創志郎　岩根佑吾 | | 画像調整 | 小山和彦 |
| 発行所／株式会社ポプラ社 | | 校　　正 | あかえんぴつ |

〒141-8210　東京都品川区西五反田3-5-8
　　　　　　JR目黒MARCビル12階
ホームページ　www.poplar.co.jp
　　　　　　kodomottolab.poplar.co.jp
　　　　　　（こどもっとラボ）

印刷・製本／株式会社瞬報社

©POPLAR Publishing Co.,Ltd.2025
ISBN978-4-591-18490-5 ／ N.D.C.780 ／ 63P ／ 24cm
Printed in Japan

落丁・乱丁本はお取り替えいたします。
ホームページ（www.poplar.co.jp）のお問い合わせ一覧よりご連絡ください。
みなさんのおたよりをお待ちしております。おたよりは編集部から制作者へおわたしいたします。
本書のコピー、スキャン、デジタル化等の無断複製は著作権法上での例外を除き禁じられています。本書を代行業者等の第三者に依頼してスキャンやデジタル化することは、たとえ個人や家庭内での利用であっても著作権法上認められておりません。
P7256004

# アスリートでたどる ジャパンスポーツ
## JAPAN SPORTS

監修・佐野慎輔

**全5巻**

小学高学年〜中学生向け
図書館用特別堅牢製本
B5変型判 / 各63ページ / オールカラー

**❶ 野球** N.D.C.783

**❷ サッカー** N.D.C.783

**❸ バレーボール・バスケットボール** N.D.C.783

**❹ 陸上・競泳** N.D.C.780

**❺ スキー・スケート** N.D.C.784

★ポプラ社はチャイルドラインを応援しています★

こまったとき、なやんでいるとき、
18さいまでの子どもがかけるでんわ
**チャイルドライン®**
**0120-99-7777**
ごご4時〜ごご9時 ＊日曜日はお休みです
電話代はかかりません 携帯・PHS OK